# 私訳 歎異抄《たんにしょう》

五木寛之

*Hiroyuki Itsuki*

東京書籍

# 私訳　歎異抄◎目次

まえがき——5
私訳 歎異抄——7
歎異抄 原典——81
親鸞とその時代◎解説／五味文彦——121

装画／五木玲子

装丁／片岡忠彦

# まえがき

五木寛之

歎異抄《たんにしょう》はふしぎな書物である。

これまでにどれほど多くの評論、解説、訳がなされたことだろう。

親鸞《しんらん》という人の思想と信仰は、一般にはこの一冊によって伝えられ、理解されたと言ってよい。人びとは、親鸞自身の手になる著書よりも、この歎異抄に触れることで親鸞思想に出会ったと感じたのではあるまいか。

私もまたその一人だった。

他人を蹴落《けお》とし、弱者を押しのけて生きのびてきた自分。敗戦から引き揚《あ》げまでの数年間を、私は人間としてではなく生きていた。その黒い記憶の闇《やみ》を照らす光として、私は歎異抄と出会ったのだ。

この書には、いまだに理解できないところも多い。それは当然だろう。親鸞その人の筆になるものではなく、第三者をとおして描かれた回想録であり、その著者の悲痛な歎《なげ》きの書であるからである。

『私訳・歎異抄』とは、私はこう感じ、このように理解し、こう考えた、という主観的な現代語訳である。そんな読み方自体が、この本の著者、唯円《ゆいえん》が歎く親鸞《しんらん》思想からの逸脱《いつだつ》かもしれない。そのことを十分、承知の上で、あえて「私」にこだわったのだ。

歎異抄は、私にとってはいまだに謎にみちた存在である。古めかしい聖典ではなく、いきいきした迫真のドキュメントである。この小冊子をつうじて、著者の熱い思いの一端でも再現できれば、というのが私のひそかな願いだった。

二〇〇七年夏　金沢への旅の途上にて

# 私訳　歎異抄◎五木寛之

阿弥陀仏《あみだぶつ》とは、数ある仏のなかでも、
わが名を呼ぶすべての人びとをもれなく救おうという誓《ちか》いをたて、
厳しい修行《しゅぎょう》のもとに悟《さと》りをひらいた特別の仏であるとされる。
阿弥陀《あみだ》とは、Amitāyus《アミターユス》（永遠の時間《いのち》）、Amitābha《アミターバ》（限りなき光明《ひかり》）を意味し、
その誓いを本願《ほんがん》、その名を呼ぶことを念仏《ねんぶつ》という。

# 歎異抄　序

ああ、なんということだろう。つくづく情《なさ》けないきわみである。胸がはりさけそうだ。

それというのも、わが師、親鸞《しんらん》さまの説《と》かれた教えが、最近ではすっかりまちがったかたちで世間にひろまっているからである。

親鸞さまは、そんなことはおっしゃらなかった。このわたしが、この耳できき、直接に教えていただいたのだから、まちがいない。

ほんとうの信心《しんじん》とは、どういうものか。正しい信心とはどのようなものか。

わが師は、それをはっきりと教えてくださったのだ。そのお声、そのお顔は、いまもまざまざとわたしの心にきざまれている。

いま世間で説《と》かれている念仏《ねんぶつ》の教えは、親鸞《しんらん》さまのお考えとはちがう。それでいいのか。いや、このままでは、この先、親鸞さまの信心《しんじん》が、まちがったまま世の中にひろまり、人びとを迷わすことになりかねない。やがては念仏の教えそのものに疑いをもつ人すらでてくるだろう。

親鸞さまの師、法然上人《ほうねんしょうにん》のお説きになったのは、易行《いぎょう》の念仏、ということだった。貧しい者も、字の読めない者も、誰《だれ》でもがやさしく行《おこな》うことのできる教えである。これを易行という。

しかし、どんなに入りやすく広い門でも、そこへ行くための正しい道筋《みちすじ》を教えてくださる善《よ》き案内者の声に耳をかたむけることが必要だ。くれぐれも自分勝手に親鸞さまの教えをねじまげたり、見当ちがいの解釈でおしとおしたりしてはいけない。なによりも大事なことは、親鸞《しんらん》さまのおことばをそのまま正しく受けとることである。

そういうわけで、お亡《な》くなりになった親鸞さまがわたしに直接お話しくださったさまざまなことのなかで、いまもはっきりと耳の底にのこっている大切なことばのいくつかを、ここに書きのこすことにしようと思う。

これは念仏《ねんぶつ》という一つの道を、ともに歩まれるみなさんがたの迷いや疑いを、なんとかとりはらいたいという切《せつ》なる気持ちからである。

# 一

あるとき、親鸞《しんらん》さまは、こう言われた。

すべての人びとをひとりのこらずその苦しみから救《すく》おうというのが、阿《あ》弥陀仏《みだぶつ》という仏の特別の願いであり、誓《ちか》いである。

その大きな願いに身をゆだねるとき、人はおのずと明日のいのちを信じ、念仏《ねんぶつ》せずにはいられない心持ちになってくる。そして「ナムアミダブツ」と口にするその瞬間、わたしたちはすでにまちがいなく救われている自分に気づくのだ。

この阿弥陀仏《あみだぶつ》のたてられた誓《ちか》いに、差別はない。その約束は、老人にも若者にも幼子《おさなご》にもなんの区別なく、また世間でいう善人《ぜんにん》、悪人《あくにん》にも関係がない。ただ一つ、ひたすら信じる心こそ大事なのだとしっかり心得《こころえ》なさい。阿弥陀仏の本願《ほんがん》というのは、この世で悩み苦しみ、そして生きるために数々の罪《つみ》を犯《おか》しているわたしたちをたすけようという、真実の願いからたてられた約束である。

その約束を信じるならば、ほかのどんな善行《ぜんこう》とよばれるものも必要ではない。念仏《ねんぶつ》、すなわち仏の誓いを信じその願いに身をまかせてナムアミダブツととなえることこそ、究極の救《すく》いの道だからである。

自分の愚《おろ》かな心や、邪悪《じゃあく》な欲望や、犯した罪の深さに怖《おそ》れおののくことなどないのだ。阿弥陀仏のちからづよい願いと誓いのまえには、その光をさえぎる悪などありはしないのだから。

# 二

あるとき、親鸞《しんらん》さまは、はるばる関東から訪ねてこられた念仏《ねんぶつ》者たちをまえに、こう言われた。

みなさんがたは、十数カ国の国境《くにざかい》をこえて、いのちがけでこの親鸞のところへやってこられた。そのひたむきなお気持ちには、わたしも感動せずにはいられません。

しかし、さきほどからうかがっておりますと、あなたがたは、なにか念仏以外にも極楽往生《ごくらくおうじょう》の道があるのではと考え、それをわたしにおたずねになりたい一心から、ここへおいでになったように見うけられます。

率直に申しあげるが、それは大きなまちがいです。わたしたちが救《すく》われて極楽浄土《ごくらくじょうど》へ導かれる道は、ただ念仏《ねんぶつ》する以外にはありえない。そのことのほかに、もっと大事な極意《ごくい》があるかもしれないとか、特別な秘法についての知識をわたしがもっているのではないか、などと勘《かん》ぐっておられるとしたら、それはまことに情《なさ》けないことです。

そういうお気持ちなら、奈良や比叡山《ひえいざん》などに、有名なすぐれた学僧《がくそう》たちがたくさんいらっしゃいます。そのかたがたにお会いになって、極楽往生のさまざまな奥義《おうぎ》をおたずねになってはいかがですか。

わたし親鸞《しんらん》は、ただ、念仏をして、阿弥陀仏《あみだぶつ》におまかせせよという、法《ほう》然上人《ねんしょうにん》のおことばをそのまま愚直に信じているだけのこと。

念仏がほんとうに浄土《じょうど》に生まれる道なのか、それとも地獄《じごく》へおちる行《おこな》いなのか、わたしは知らない。そのようなことは、わたしにとってはどうでもよいのです。たとえ法然上人《ほうねんしょうにん》にだまされて、念仏《ねんぶつ》をとなえつつ地獄《じごく》におちたとしても、わたしは断じて後悔などしません。

そう思うのは、このわたしが念仏以外のどんな修行《しゅぎょう》によっても救《すく》われない自分であることを、つね日ごろ身にしみて感じているからです。

ほかに浄土《じょうど》に救われる手段があり、それにはげめば往生《おうじょう》できる可能性があるというのなら、念仏にだまされて地獄におちたという後悔もあるでしょう。愚《おろ》かにも念仏にたよったという口惜《くや》しさものこるでしょう。

しかし、煩悩《ぼんのう》にみちたこのわたしにとって、念仏以外のほかの行《ぎょう》は、とてもおよばぬ道です。ですから地獄は、わたしのさだめと覚悟してきました。

阿弥陀仏《あみだぶつ》の約束を真実と信じるならば、釈尊《しゃくそん》の教えを信じ、また善導《ぜんどう》の説を信じ、そして法然上人《ほうねんしょうにん》のおことばを信じるのは自然のことではありませんか。その法然上人の教えをひとすじに守って生きているこの親鸞《しんらん》なのですから、わたしの申すこともその通り信じていただけるのではないか、と思うのです。

　要するに、わたしの念仏《ねんぶつ》とは、そういうひとすじの信心《しんじん》です。ただ念仏して浄土《じょうど》に行く。それだけのことです。

　ここまで正直にお話ししたうえで、みなさんがたが念仏の道を信じて生きようとなさるか、またはそれをお捨てになるか。その決断はどうぞ、あなたがたそれぞれのお心のままになさってください。

# 三

あるとき、親鸞《しんらん》さまは、こう言われた。

善人《ぜんにん》ですら救《すく》われるのだ。まして悪人《あくにん》が救われぬわけはない。しかし、世間の人びとは、そんなことは夢にも考えないし、言わないはずだ。

「あのような悪人でさえも救われて浄土《じょうど》に往生《おうじょう》できるというのなら、善人が極楽往生《ごくらくおうじょう》するのはきまりきっていることではないか」

こういうところが、普通一般の考えかただろう。

そのことばは、なにげなく聞いていると、理屈にあっているように思われないでもない。だが、あらためて阿弥陀仏《あみだぶつ》の深い約束の意味を考えてみると、仏の願いにまったく反していることがわかってくる。

というのは、いわゆる善人《ぜんにん》、すなわち自分のちからを信じ、自分の善《よ》い行《おこな》いの見返りを疑わないような傲慢《ごうまん》な人びとは、阿弥陀仏の救済《きゅうさい》の主な対象ではないからだ。ほかにたよるものがなく、ただひとすじに仏の約束のちから、すなわち他力《たりき》に身をまかせようという、絶望のどん底からわきでる必死の信心《しんじん》に欠けるからである。

だが、そのようないわゆる善人であっても、自力《じりき》におぼれる心をあらためて、他力の本願《ほんがん》にたちかえるならば、必ず真の救《すく》いをうることができるにちがいない。

あらゆる煩悩《ぼんのう》にとりかこまれているこの身は、どんな修行《しゅぎょう》によっても生死《しょうじ》の迷いからはなれることはできない。そのことをあわれに思ってたてられた誓《ちか》いこそ、すべての悩める衆生《しゅじょう》を救《すく》うという阿弥陀仏《あみだぶつ》の約束なのである。

わたしたち人間は、ただ生きるというそのことだけのためにも、他のいのちあるものたちのいのちをうばい、それを食することなしには生きえないという、根源的な悪をかかえた存在である。

山に獣《けもの》を追い、海河に魚をとることを業《ごう》が深いという者がいるが、草木《そうもく》国土《こくど》のいのちをうばう農も業であり、商《あきな》いもまた業である。敵を倒すことを職とする者は言うまでもない。すなわちこの世の生きる者はことごとく深い業をせおっている。

わたしたちは、すべて悪人《あくにん》なのだ。そう思えば、わが身の悪を自覚し嘆《なげ》き、他力《たりき》の光に心から帰依《きえ》する人びとこそ、仏にまっ先に救われなければならない対象であることがわかってくるだろう。

おのれの悪に気づかぬ傲慢《ごうまん》な善人《ぜんにん》でさえも往生《おうじょう》できるのだから、まして悪人は、とあえて言うのは、そのような意味である。

# 四

あるとき、親鸞《しんらん》さまはこう言われた。

「慈悲《じひ》」というものについて、わたしたち他力門《たりきもん》と、自力《じりき》をたのむ聖道門《しょうどうもん》とでは、考えかたがちがう。

聖道門の慈悲とは、他人やすべてのものをあわれんだり、深くいとおしんだり、自分のちからでたすけようとする気持ちと、その行為のことである。

しかし、はたしていったい、ほんとうに自分のちからで他の人びとを根《こん》底《てい》から救《すく》うことなどできるものなのだろうか。

われわれの信じる他力《たりき》の慈悲《じひ》というのは、すべての人は念仏《ねんぶつ》によってまず浄土《じょうど》に生まれ、そこで仏となる。その結果、新たなちからを得て人びとを救うことができるという考えかたである。

この世において、どんなに他人があわれで可哀相《かわいそう》に思われても、自力《じりき》で思うがままにそれを救済《きゅうさい》することなどできないことなのだ。そのことを思えば、自力の慈悲にたよることだけでは十分ではない。だからこそ、ただひたすら念仏することに徹底することが、ほんとうの慈悲の心と言うべきだろう。

## 五

あるとき、親鸞《しんらん》さまはこう言われた。

自分は、亡《な》き父母の供養《くよう》を願って念仏《ねんぶつ》をしたことなど、一度とてない。

そもそも、あらゆるいのちあるものは、くり返しくり返し生まれ変わり、生き変わりするなかで、すべてつながっていくのだ。だからいのちあるもののぜんぶが父母であり、肉親、兄弟姉妹であり、生きるものすべてが家族である。わたしたちが阿弥陀仏《あみだぶつ》の願にまかせてこの世を去るとき、それぞれが浄土《じょうど》に往生《おうじょう》して、悟《さと》りをひらけば、そのときこそお互いにたすけあうこともできるだろう。

念仏《ねんぶつ》が自力《じりき》によってなるものだとしたら、いま肉親の供養《くよう》もできよう。しかし念仏とはそういうものではない。

自力をたのむ心を捨て、阿弥陀仏《あみだぶつ》のちからによってまず浄土《じょうど》にて悟《さと》りをひらいたなら、どんなに苦しみ迷っていようとも、そのときはじめて人知をこえた大きなちからによって、まず自分の身近な人びとも、救《すく》うことができると考えなさい。

# 六

あるとき、親鸞《しんらん》さまはこう言われた。

わたしたち念仏《ねんぶつ》を信じる者どうしのあいだで、この者は自分の弟子《でし》だ、彼はあの人の弟子だ、などというような言い争いがあるらしいが、それはまったくまちがったことである。

わたし親鸞は、自分には弟子などひとりもいない、と思っている。

その理由は、もしわたしのちからによって他人に念仏をさせることができたのなら、自分の弟子といえる相手もいるかもしれない。しかし本来、念仏《ねんぶつ》は阿弥陀仏《あみだぶつ》のちからによってそれぞれの口から発せられるものである。すなわちいただいた念仏である。だから誰《だれ》々の弟子《でし》などという言いかたは、とんでもないことなのだ。

人間どうしは、さまざまな縁《えん》によって結ばれ、また縁によってはなれることもある。師にそむいてほかの人とともに念仏した者のことを、あれでは浄土《じょうど》に往生《おうじょう》できないなどと非難することはまったくまちがっている。

弟子云々《うんぬん》にこだわる人は、もともと阿弥陀仏のはからいによって受けた念仏を、自分で弟子にあたえたものとでも思っているのか。人が自分からはなれていったらその信仰《しんこう》まで取り返そうとでも思っているのか。考えれば考えるほど信じられない話だ。

他力《たりき》の道をともに歩む人間の師弟関係とはそのようなものではない。すべて仏のはからいにまかせて念仏するならば、仏の恩《おん》も感じられ、師の恩もいずれ自然とわかってくるだろう。

## 七

あるとき、親鸞《しんらん》さまはこう言われた。

念仏《ねんぶつ》とは、妨《さまた》げられるもののない、ただひとすじの道を行くことである。

念仏を信ずる者には、神々でさえも丁重《ていちょう》に接してくださり、悪魔《あくま》や、まちがった信仰をもつ者たちも、念仏の道を歩む者を邪魔《じゃま》だてすることはできない。

念仏は、この世の罪悪《ざいあく》も、そのむくいをも超越《ちょうえつ》した世界であり、またどのような善行《ぜんこう》ともくらべようのない絶対的な道である。

## 八

念仏《ねんぶつ》とは、それをとなえる者にとって、修行《しゅぎょう》でもなく、善行《ぜんこう》でもない。それは自分の決意や労力によって行《おこな》われる行《ぎょう》ではないからだ。だから「非行《ひぎょう》」である。

自分のちからによって積《つ》まれる善でもない。だから「非善《ひぜん》」という。

念仏はひとえに、阿弥陀仏《あみだぶつ》の大きなはたらきかけによって、おのずと発せられるものである。ゆえに自分の行う修行でもなく、またいわゆる善行とはかけはなれたものなのである。

## 九

あるとき、わたしはこんなふうに親鸞《しんらん》さまにおたずねしたことがあった。

「お恥《は》ずかしいことですが、じつは念仏《ねんぶつ》しておりましても、心が躍《おど》りあがるような嬉《うれ》しさをおぼえないときがございます。また一日でもはやく浄土《じょうど》へ行きたいという切《せつ》なる気持ちになれなかったりいたします。これはいったいどういうわけでございましょう」

すると親鸞さまは、こう言われた。

「そうか。唯円《ゆいえん》、そなたもそうであったか。この親鸞《しんらん》もおなじことを感じて、ふしぎに思うことがあったのだよ。

しかし、こうは考えられないだろうか。それをとなえると、天にものぼるような喜びをおぼえ、躍《おど》りあがって感激する念仏《ねんぶつ》であるはずなのに、それほど嬉《うれ》しくも歓《よろこ》びでもないということは、それこそ浄土《じょうど》への往生《おうじょう》まちがいなしという証拠《しょうこ》ではあるまいか。

よいか。喜ぶべきところを喜べないのは、この身の煩悩《ぼんのう》のなせるわざである。わたしたちは常に現世への欲望や執着《しゅうちゃく》にとりつかれた哀れな存在であり、それを煩悩具足《ぼんのうぐそく》の凡夫という。

阿弥陀仏《あみだぶつ》は、そのことをよく知っておられて、そのような凡夫こそまず救《すく》おうと願をたてられたのだ。そう思えば、いま煩悩のとりこになっているわたしたちこそ大きな慈悲《じひ》の光につつまれているのだと感じられて、ますますたのもしい気持ちになってくるではないか。

また、一日もはやく浄土《じようど》へ往生《おうじよう》したいと願うどころか、すこし体の具合が悪かったりすると、もしかして自分は死ぬのではないかとくよくよ心配したりする。これも煩悩《ぼんのう》のせいだろう。

はるかな遠いむかしから現在《いま》まで、流転《るてん》しつづけてきたこの苦悩の現世ではあるが、なぜか無性《むしよう》に捨てがたく感じられるというのも、そして、まだ見ぬ安らかな浄土を慕《した》う心がおきないというのも、これもまた煩悩の焔《ほのお》のせいである。

しかし、どれほど名ごりおしかったとしても、人はこの世の縁《えん》がつきはて、やがてどうしようもなく死んでいくときがくる。そのときわたしたちはかならず浄土に迎えられるだろう。

はやく浄土へ往生したいと切《せつ》に願わず、この世に執着《しゆうちやく》する情《なさ》けないわれらだからこそ、阿弥陀仏《あみだぶつ》はことに熱い思いをかけてくださるのだ。

そう考えてみると、ますます仏の慈悲《じひ》の心がたのもしく感じられ、わたしたち凡夫の往生《おうじょう》はまちがいないと、つよく信じられてくるのだ。

そなたが念仏《ねんぶつ》をするたびに躍《おど》りあがるような喜びをおぼえ、はやく浄土《じょうど》へ行きたいと常に願っているようなら、むしろそちらのほうが問題である。自分には凡夫としての煩悩《ぼんのう》が欠けているのか、浄土へ救《すく》われるのが後まわしになるのでは、と、心配になってくるではないか」

そうおっしゃったのである。

# 十

念仏《ねんぶつ》というものは、あれこれ理屈をつけて論じるものではない。それは自分勝手な想像や知識をこえた、大きな他力《たりき》の呼びかけだからである。そう親鸞《しんらん》さまは言っておられた。

思いかえせば親鸞さまがご存命だったころのことだが、おなじ念仏を信じる人びとが、遠国からはるばる京の都まで訪ねてこられたことがあった。そのかたがたは、親鸞さまと親しくことばをかわし、心をひとつにして明日の浄土《じょうど》を思いつつ親鸞さまの教えを耳にしたはずである。

しかし、時がたつにつれて、それらのかたがたにしたがって念仏する人びとが急激にふえてくるとともに、最近では親鸞《しんらん》さまの考えとは異なる、まちがった念仏《ねんぶつ》の教えがひろまりつつあるという噂《うわさ》も伝わってくる。

その誤りについて、親鸞さまのことばをもとに述《の》べてみることにしよう。

# 十一

読み書きもできないような人びとが熱心に念仏《ねんぶつ》するさまを見て、

「お前は、衆生《しゅじょう》すべてを救うという阿弥陀仏《あみだぶつ》の誓願《せいがん》のふしぎなちからを信じて念仏しているのか、それともナムアミダブツという名号《みょうごう》の大きなちからを信じて念仏しているのか。さあ、どちらだ」

などと相手を脅《おど》すようなことを言って、人を困惑《こんわく》させる者がいる。そのくせ、その二つのちからがどんなふうにちがうのか、自分の質問の意図《いと》さえ説明しようとしないのだから困ったものである。

こういったことはくれぐれも慎重に考慮しなければならない。

阿弥陀仏《あみだぶつ》は、あらゆる人びとをすべて救い、浄土《じょうど》に往生《おうじょう》させようという願いのもとに、だれでもおぼえることができ口にとなえやすいナムアミダブツという名号《みょうごう》を考えだしてくださった。そしてこの名号をとなえる者は、ひとりのこらずかならず救うぞと約束なさったのだ。

だからこそ、その大きな慈悲《じひ》の心に身をまかせることで往生《おうじょう》できると信じるのも、またこうして念仏《ねんぶつ》できるのも、すべて阿弥陀仏のおちからによるものと思いなさい。それは自力《じりき》の行いではなく他力《たりき》のはからいだからこそ、まっすぐに仏の約束どおり真実の浄土に生まれる道なのだ。

そのように納得すれば、阿弥陀仏の誓願《せいがん》を信じるのも、また名号のちからを信じるのも、ともに他力のはからいによるもので、決してべつべつのことではない。同じ仏のちからのはたらきかけであることがわかってくる。

また、念仏《ねんぶつ》を口にしながら、どうしても自分のちからで往生《おうじょう》をもとめようとする人がいる。みずからの才覚《さいかく》で善悪の判断をし、善《よ》いことをすれば浄土《じょうど》へ行くことができるのではないか、悪をなせばその妨《さまた》げになるのでは、などと勝手に考えるのだ。

そういう念仏は、阿弥陀仏《あみだぶつ》からいただいた念仏ではない。念仏の大きなちからさえ信じていないのである。

しかし、そういう人びとは絶対に往生できないかといえば、そうではないのが阿弥陀仏のふしぎなちからだ。それらの人も自力《じりき》の念仏をはなれ、他力《たりき》の念仏に目覚《めざ》めて念仏すれば、いつかは浄土の辺地《へんじ》へたどりつき、やがては真実の浄土に往生できるだろう。そのことこそが、仏からさずかった名号《みょうごう》の大きなちからであり、同時に阿弥陀仏の誓願《せいがん》のふしぎなはたらきなのだ。

そうであれば、仏の約束を信じることと、念仏《ねんぶつ》のちからを信じることとは、同じ他力《たりき》のはからいであって決してべつべつのものではないことがわかってくる。

# 十二

尊《とうと》い経典《きょうてん》やそれについて書かれた本などを深く学ばない者は、決して浄土《じょうど》に往生《おうじょう》できないだろうという人がいる。

これはまったくもって見当ちがいの意見である。

本願他力《ほんがんたりき》について説かれたさまざまな正しい経典、書物には、「阿弥陀仏《あみだぶつ》の約束を信じて念仏《ねんぶつ》をする者は、かならず浄土に行ける」とある。そのほかになんの学問が必要というのであろうか。

しかしそれでも納得できない人は、好きにどしどし学問をして阿弥陀仏の真意を究《きわ》めてみたらよい。しかしそれでも教えの本意がどうしても納得できないとしたら、それは不憫《ふびん》としかいいようがない。

何度も言うように、文字も読めず、経典《きようてん》などの意味もわからない人でも、だれもができる信心《しんじん》のかたちとしてのやさしい念仏《ねんぶつ》であるから「易《い》行《ぎよう》」というのであり、だからこそ意義があるのである。

学問を柱とするのは自力《じりき》をたのむ他の宗派であって、これを「難行《なんぎよう》」という。しかしいくら学問をしても、名声や利益に拘泥《こうでい》したら、かえって浄土《じようど》は遠のくのではないか。師もそうお書きになった。

このごろのように、念仏を一心に信仰《しんこう》する者と、それ以外の宗派の者とが議論して、「自分たちの宗派が正しい。他の宗派は劣っている」と主張しあえば、お互い敵《かたき》同士にもなるし、また攻撃したり誇《そし》りあうことにもなる。これは結局、みずから真の念仏の教えを軽《かろ》んずるだけのことなのだ。

たとえ、他の宗派の人たちから、「念仏《ねんぶつ》をとなえるなど、とるに足らないつまらない者のための宗教である。教義は浅薄《せんぱく》だし、程度が低い」などと言われても、けして争ってはならない。

そう言われたときには、

「わたしどものように煩悩《ぼんのう》にまみれた、つまらない無知な人間でも、阿弥《あみ》陀仏《だぶつ》によってたすけていただけるとかたく信じております。すぐれたかたがたが念仏などくだらない教えだと思われても、わたしたちにとってはこれ以上ない素晴らしい教えでございますから。もし他にどんなにすぐれた教えがございましても、厳しい修行《しゅぎょう》や悟《さと》りなど、自分たちにはおよばないものばかりですから、とてもついてはゆけません。わたしたちにとっては、生死《しょうじ》流転《るてん》をくりかえすこの運命から、仏の約束によってお救《すく》いいただくことだけが希望でございます。どうぞお妨《さまた》げなきよう願います」

と、相手の気分を害することのないよう応じれば、誰《だれ》もそれ以上、責《せ》めたりするようなことはないのではあるまいか。

そもそも論争をすれば、どうしても怒りや憎しみが生じるものである。知恵ある者はそのようなことには近づくべきではない、と法然上人《ほうねんしょうにん》もおっしゃった。

親鸞《しんらん》さまのおことばによると、

「他力《たりき》の念仏《ねんぶつ》を、信じる者も、謗《そし》る者も、もちろんいるだろう。釈尊《しゃくそん》もそのことを語られている。しかしそれを承知の上で、われわれはひとすじに念仏を信じてゆくとすでにかたく決めたのだ。

また、こうも言えるだろう。釈尊の言われるとおり今現在、わたしたちを謗り非難する者が確かにいるからこそ、仏がわたしたちをお救《すく》いくださるということばも、またまちがいないのだ。

ないか。

かえって、念仏《ねんぶつ》を信じる人ばかりで謗《そし》る人がいないほうが、不自然ではないか。

かといって、かならず他人から非難されたほうがいいと言っているのではない。仏は、人から認められることも謗られることも両方とも避けえないものであると説《と》いておられる。その上で、釈尊《しゃくそん》は、たとえ謗られても、できるだけ自分の信心《しんじん》に疑いを抱かないようにとおっしゃっているのだ」

親鸞《しんらん》さまは、そう言われた。

しかし近年は、学問をして理論を備《そな》え、人の非難に対抗し、論破しようと身構えている人がいる。そうではなく、学問をする人は、それによってますます仏の慈悲《じひ》の深さ、大きさを理解し、その誓《ちか》いの意味を知るようにしなければならない。そしてもし「自分は浄土《じょうど》には値しない人間ではないか」と思い疑うような人にたいしては、自分の知識によって、「阿弥陀仏《あみだぶつ》の約束は、善悪の行《おこな》いや心が清らかであるかどうかなどにかかわらない、平等、絶対のものです」と正しく説明できてこそ、はじめて学問をする者としての甲斐《かい》があろうというものだ。

それにもかかわらず、たまたま何の他意もなくただ一心に阿弥陀仏《あみだぶつ》を信じ念仏《ねんぶつ》している者にたいし、「学問をしなければ意味がない」などと脅《おど》すようないいかたをするのは、もっとも慎《つつし》むべき行為であり、仏に敵対する悪魔のようなものだ。そういう者は、自分自身が他力《たりき》の信心《しんじん》に欠けているのみならず、自分のまちがいから他人をも惑《まど》わすことになる。

それは親鸞《しんらん》さまの御心に反することでもあり、阿弥陀仏のおはからいにも背《そむ》くことになるのだ。ぜひぜひ気をつけたいものである。

# 十三

阿弥陀仏《あみだぶつ》はどんな悪人《あくにん》でも救《すく》ってくださるからといって、自分の悪行《あくぎょう》をおそれないような人の立場を、「本願《ほんがん》ぼこり」という。そういう人は浄土《じょうど》へは行くことはできないという説があるが、その問題について考えたい。

「本願ぼこり」の人びとは往生《おうじょう》できないとする説は、結果的に阿弥陀仏の誓《ちか》いを曲解している。悪も善も、自分の意志によってなされるのではなく、過去の行《おこな》い、宿業《しゅくごう》によるものであるということがほんとうにわかっていないのだ。

善《よ》い心がおこるのは、過去の世における善き行いの結果であり、悪事をくわだてるのもそうである。自分の良心、悪心というものは、そしてそれが生み出すさまざまな行為や結果は、じつは自分で選んだり、自力《じりき》でなしとげられるものでは決してない。親鸞《しんらん》さまは、そのことを、どんなちいさな罪《つみ》でさえ、現在の自己の生み出したものではなく、自分の過去の行い、そして宿業《しゅくごう》によるものであるとおっしゃった。


あるとき、親鸞さまは、こう言われたことがある。

「唯円《ゆいえん》よ。そなたはわたしのことばを信じるか」

「もちろんです」

「ならば、わたしの言うとおりにするか」

「かならず、おおせのとおりにいたします」

わたしは謹《つつし》んでこたえた。

すると親鸞《しんらん》さまは言われた。

「よろしい。ではまず、人を千人殺してみよ、そうすれば浄土《じょうど》への往生《おうじょう》はまちがいない。もしわたしがそんなふうに言ったらどうする」

「おことばではございますが、わたしには、とても、千人どころか、ひとりも自分では人を殺すことなどできそうにありません」

「ならば、どうして、この親鸞の言うことに決して背《そむ》かないと言ったのか」

そして親鸞さまは続けて言われた。

「これでわかったであろう。もしなにごとも自分の意志によって事が成るとしたら、浄土へ行くために千人を殺せと言われれば、ほんとうに千人を殺すかもしれないではないか。それができないというのは、べつにそなたの心が善《よ》いからではないのだよ。

それは自分の意志によって、殺すことができぬのではない。なんらかの状況においては、人は苦もなく百人、千人を殺すこともありうるのだ。

このように、自分の心が善《ぜん》であれば往生《おうじよう》にも良く、悪《あく》であれば往生の妨《さまた》げになるなどと自分で判断してはならない。自分の意志のみによって善となっているのではなく、悪をなすのも、悪の意志によってなされるものではない。阿弥陀仏《あみだぶつ》はそれを前提として、善悪かかわりなく救《すく》うと約束されたのである。そのことを忘れないように」

親鸞《しんらん》さまは、そう言われた。

以前、このことに関して、まちがった解釈をする者がいた。悪をなす者を救うのが阿弥陀仏であるというなら、わざと悪事を行《おこな》うほうが浄土《じようど》に行くにはよいと主張する者がいて、世間から大いに非難されたことがあった。

そのことが親鸞《しんらん》さまの耳に届いたとき、親鸞さまが手紙で、「薬があるからといって、なにもわざわざ毒を飲むことはない」とおたしなめになったのは、そのまちがった考えをただすためのことであった。さらに、「重ねて言うが、それでも人が犯《おか》す悪は仏の誓願《せいがん》の妨《さまた》げにはならない。仏教の戒律《かいりつ》を守らなければ往生《おうじょう》はできないということでもない」と親鸞さまはおっしゃった。

あさましいこの自分の身も、阿弥陀仏《あみだぶつ》の慈悲《じひ》を身にうければこそ、喜びにみたされることもできる。しかしだからといって故意に悪行をすべきではないし、そもそも身にそぐわない悪など人にできるものでもない。

さらに、

「海や河で網をひき、魚をとって生活する人も、野山でけものを追い、鳥をとらえて暮らす人も、商売に日をおくり、田畑を耕して生きる人も、すべての人はまったく同じである」

ともおっしゃり、くわえて、

「人間は誰《だれ》でも、目に見えぬ業《ごう》のちからがはたらけば、どんなことでもなしうるものなのだ」

とも、言われた。

「どんな人間でも阿弥陀仏《あみだぶつ》によって救《すく》われるのと同様、みずからの業縁《ごうえん》によれば、どんな悪行でもする可能性がある」と。

しかし近年、自分ではそれが良いことと思ってか、善人《ぜんにん》でなければ念仏《ねんぶつ》すべきではないとかいう者がいる。そして道場に張り紙をして、「このようなことをした者は道場には入るべからず」などと主張し、外見の善を勧《すす》め精進《しょうじん》を推奨《すいしょう》して、いかにもそれが仏への信心《しんじん》の証《あかし》のようにふるまう者があるようだが、それは偽善《ぎぜん》というしかない。

阿弥陀仏《あみだぶつ》の救《すく》いに甘えてつくる罪《つみ》もまた、過去の世の行いの結果である。善《よ》い結果も悪い結果もその業《ごう》の結果であると認識し、ただ仏の慈悲《じひ》にすがることが「他力《たりき》」の道なのだ。

聖覚法印《せいかくほういん》の書、『唯信抄《ゆいしんしょう》』にも、「阿弥陀のちからが、どれほど大きく深いかを知っていれば、自分は罪深い人間だからとうてい救《すく》われない、などと思うはずはない」とある。阿弥陀仏の誓《ちか》いを心からたのもしく思えば、「他力」の信心《しんじん》もおのずとさだまるのだ。

たしかに自己の悪業《あくごう》、煩悩《ぼんのう》を自分のちからで滅しつくし、そののちに阿弥陀仏の救いを信じようという人にとっては、仏にたよる必要もないだろう。それはすなわち自分がいま仏となるということだからである。その者にとっては、人びとを救うための阿弥陀仏の想像を絶する長い間の苦行《くぎょう》や、人びとにたいする慈悲《じひ》の心は、意味のないことだろう。「本願《ほんがん》ぼこり」を白い眼で見て非難する側の人も、よく見れば煩悩《ぼんのう》にまみれ清廉《せいれん》ではないことにはかわりはない。仏に甘え誇《ほこ》っている点では同じであろう。本願を誇るも誇らないも、その点では同じことである。そこをわきまえずに区別しようとするのは未熟な議論ではあるまいか。

# 十四

人によっては、「臨終《りんじゅう》の際、ただ一度の念仏《ねんぶつ》によって、永遠に苦しむべきすべての自己の罪業《ざいごう》が救われる」と信じている人がいる。

つまり、たとえ極悪人《ごくあくにん》で、ふだんは念仏をしていなくとも、いのち尽《つ》きようとする際に仏法の教えを受け心がけをかえて念仏をすれば、一度の念仏で永遠にも近いほど苦しむべきすべての重罪から救われ、十回の念仏ではその十倍の罪が滅せられるという考えである。つまり念仏に、罪をなくす利益がある、という見方である。

これはわたしたちが信じるところではない。

念仏《ねんぶつ》をしようと思いたったとき、その信心《しんじん》は、阿弥陀仏《あみだぶつ》からのはたらきかけによって生じ、阿弥陀仏のちからによってなされるものである。その時点ですでに仏の光明《こうみよう》に照らされているのだ。だからこそ死ねば執着《しゆうちやく》を脱し、罪をぬぐい、浄土《じようど》に導かれるということである。

それはあくまで仏の大きな慈悲《じひ》の心によるものだ。このはからいによらなければ、われわれのような罪深い人間が浄土へと往生《おうじよう》できるわけがない。一生の間にする念仏の数々は、この仏の恩《おん》を感謝する念仏であると考えよう。

念仏によって罪を消滅できると期待することは、その行為に励むことによって自己の罪を消し去ろうとする、「自力《じりき》」の行為である。もしそれで浄土へと往生できるのなら、死ぬまで一刻もたえまなく念仏しなければならないが、念仏とはそういうものではあるまい。

じっさい、自分のまったく予想できない状況におちいり、臨終《りんじゅう》の際、念仏《ねんぶつ》ができないこともありうるではないか。病気や怪我《けが》で意識を失うこともあろう。もし臨終のときに念仏しないと往生《おうじょう》できないとしたら、そこで仏の名をとなえるのは不可能となり、往生できないことになるのか。

阿弥陀仏《あみだぶつ》に帰依《きえ》し、その約束を信じると決意したら、罪《つみ》を犯《おか》した者も臨終に念仏ができなくとも、すみやかに往生することができるだろう。また、もし臨終間際に幸いにも念仏ができたとすれば、それも阿弥陀仏の慈《じ》悲《ひ》に感謝する行為であることにはかわりない。

いずれにしても臨終の際に念仏によって罪を滅しようと願うのは自力《じりき》の心であり、他力《たりき》の信心とは異なるということだ。

# 十五

煩悩《ぼんのう》にまみれた身であっても、自分のちからで行《ぎょう》を修め、この世で悟《さと》りをひらくべきだという考えはどうであろうか。

それはとうていできないことだとわたしは思う。

「即身成仏《そくしんじょうぶつ》」、すなわち生まれたこの身のままで仏になるというのは、真《しん》言密教《ごんみつきょう》の中心の教えである。「三密《さんみつ》の行《ぎょう》」とよばれる厳しい修行《しゅぎょう》の末、現世で悟りを得、行者《ぎょうじゃ》自身の身がそのまま仏となる道だ。

また「六根清浄《ろっこんしょうじょう》」というのは、天台《てんだい》、法華経《ほけきょう》の教えるところで、「四《し》安楽《あんらく》の行《ぎょう》」という難行《なんぎょう》を修めて、はじめて得られる功徳《くどく》である。

これらはすべて、なみなみならぬ意志とすぐれた徳をそなえた人びとだけがなしうる困難な行《ぎょう》であり、精神を統一し、思惟《しい》をつきつめたすえにようやく獲得できる悟《さと》りである。

しかし、わたしたち他力浄土門《たりきじょうどもん》の立場は、これらとちがう。現世ではなく、つぎの世で成仏《じょうぶつ》し悟りをうるという考えかただ。それは念仏《ねんぶつ》しようという心がおこったときに、かならず約束されるのだ。

これは難しい行によらず、およそ普通の人みなが救《すく》われるやさしい道であり、才能やすぐれた徳は必要としない。善人か悪人かさえも問わない教えである。

およそこの世で完全に煩悩《ぼんのう》をたち、罪悪《ざいあく》からはなれることなど、とてもできることではない。だからこそ真言密教《しんごんみっきょう》や法華一乗《ほっけいちじょう》のすぐれた僧であっても、やはり来世での成仏をいのるのである。

まして戒律をかたくまもって修行《しゅぎょう》したり、高度な教理を究《きわ》めたりすることのできないわたしたちが、この世で悟《さと》りに達することなど、とうてい不可能だ。

しかし、それでもなおわれわれ凡夫が悟りの世界に達する道はある。阿《あ》弥陀仏《みだぶつ》の本願《ほんがん》の船に身をまかせて苦海をこえて浄土《じょうど》の岸に運ばれたとき、煩悩《ぼんのう》の雲は一瞬にして晴れ、月光に照らされるようにくまなく世界にみちわたる光明《こうみょう》と一体になる。そしてみずから悟りをうると同時に、すべての人びとを苦しみから救う道がひらかれる。これこそ真の悟りなのだ。

現世で悟るという人は、釈尊《しゃくそん》のようになみはずれた超能力でももっているならともかく、そういうことはありえないだろう。

『高僧和讃《こうそうわさん》』のなかに、

金剛堅固《こんごうけんご》の信心《しんじん》の　さだまるときをまちえてぞ
弥陀《みだ》の心光摂護《しょうご》して　ながく生死《しょうじ》をへだてける

と、あるように、真の信心がさだまれば、阿弥陀仏《あみだぶつ》はわたしたちを決して見捨てることはない。だからこそ迷いの世界を流転《るてん》することがなく往《おう》生《じょう》できるのだ。このような大きな仏のはからいを、悟《さと》りというひとことで簡単に表現するなどということはなんとも歎《なげ》かわしいことである。

親鸞《しんらん》さまは、

「わたしたちの浄土《じょうど》真宗《しんしゅう》というのは、この世に生きるときはひたすら阿弥陀仏の約束を信じ、やがてあの世に往生《おうじょう》して悟りをうる教えである。わたしはそう、法然上人《ほうねんしょうにん》に教えられた」

と言っておられた。

# 十六

浄土《じょうど》を信じる人たちのあいだで、「ちょっとしたことで腹をたて、悪口を言ったり口論を行《おこな》ったら、そのたびかならず反省し、心をあらためなければならない」と主張する人がいる。

これは考えてみれば、悪を絶《た》ちなにごとも善を目指す、という考えのひとつのあらわれであろう。

念仏《ねんぶつ》を信じる者は、自分の心をあらためる、回心《えしん》ということはほんとうは生涯に一度しかない。それは、かつて他力《たりき》の教えを知らなかった者が、阿弥陀仏《あみだぶつ》の慈悲《じひ》の心にふれ、自分のいままでの心がまえでは浄土に行けないと気づき、仏にすべてをまかせて他力《たりき》の信心《しんじん》に帰《き》することである。それが回心《えしん》だ。

しかし人のいのちは一瞬のものである。すべてのことに心を悔いあらためる時間もないであろう。そうこうするうち、回心する間もなく、安らかで心の静まった状態に至る前に死んでしまったとしたら、阿弥陀仏《あみだぶつ》の、すべての衆生《しゅじょう》を救うという悲願《ひがん》は無駄になってしまうかもしれない。

わたしたちも他人にたいしては「阿弥陀仏の誓願《せいがん》は悪人こそをたすける」などと言っていても、心のどこかで、また無意識に、「それでもやっぱり善人のほうが救われるのではないか」とふっと思っているかもしれない。それは「他力」の趣旨に反することである。それでは、浄土《じょうど》といっても辺地《へんじ》に導かれることになるだろう。なんとも悲しいことだ。

信心がほんとうにさだまったなら、往生《おうじょう》への道は仏のちからによるものであるから、自分であれこれ思い迷う必要はない。自分のことをどんなに悪人であると思っていても、心から阿弥陀仏《あみだぶつ》の約束を信じたならば、自然と迷いもなく心も落ち着き、なにごとにも耐えられるはずだ。

とにかく、往生《おうじょう》のためにはこざかしい考えは止《や》めて、ただほれぼれと仏の慈悲《じひ》の恩《おん》の深く重いということをいつも忘れずにいるべきである。そうすれば、おのずと念仏《ねんぶつ》は口をついて出てくるにちがいない。

それを「自然《じねん》」という。みずからの意思を超える大いなる仏のちからにまかせることをいうのである。すなわちそれこそがまさに「他力《たりき》」である。

それを、「自然」とは、ほかになにかべつの考えがあるかのように物知り顔で言う人もいるというが、なんとも歎《なげ》かわしいことだ。

# 十七

浄土《じょうど》に導かれたとしても、そこが辺地《へんじ》、つまり浄土の仮《かり》のすまいであったら、結局は地獄に堕《お》ちることになる、という議論がある。

これは、いったいどこにそう書かれているのを読んで、主張しているのだろうか。学者ぶった人のなかからそういう意見が出てきたようであるが、とんでもないまちがいである。経典《きょうてん》や祖師《そし》のお書きになったものなどを、いったいどのように読んでいるのか。

阿弥陀仏《あみだぶつ》の誓《ちか》いを信じきれない、ほんとうの信心《しんじん》の欠けた人でも、浄土の辺地に導かれ、そこで疑いの罪《つみ》をつぐなったのち、やがて真実の浄土において悟《さと》りをひらける、とわたしは聞いている。

なかなか心底から信心《しんじん》して念仏《ねんぶつ》する者が少ないために、どうしてもまず浄土《じょうど》の辺地《へんじ》に招かれる者が多くなってしまう。それは無理からぬことだ。それを地獄に堕《お》ちる前段階だというのは、あたかも釈尊《しゃくそん》がいつわりを述《の》べられているかのような言いかたではないか。

## 十八

寺や僧侶《そうりょ》たちに寄進《きしん》する金品の多いか少ないかで、仏の大小がきまるなどという主張がある。

これは問題外の論であって、お話にならないことだ。

そもそも仏に大小などあろうはずがない。経典《きょうてん》に阿弥陀仏《あみだぶつ》の大きなさまが語られてはいても、それはあくまで人びとに方便《ほうべん》として述《の》べられたことで、真の仏のすがたとは長短も、形もなく、色も匂いもないのだから、そもそも大小を論ずることなどありえないことだ。

口にとなえて念仏《ねんぶつ》をすると、仏のすがたを見させていただくことがあるという。そのことはたしかに経典《きようてん》にも「大きな声で念仏《ねんぶつ》すると大きな仏を見、小さな声で念仏すれば小さな仏を見る」とあって、それをこじつけた論かもしれない。

仏への寄進《きしん》は、往生《おうじよう》して仏になるための布施行《ふせぎよう》のひとつではあるが、真実の信心《しんじん》がなければ、いかに高価な財宝を仏前にささげ、僧に布施したとしても無意味であると心得なさい。

貧しくて、紙一枚、小銭すら寄進することのできない人であっても、本人が他力《たりき》のはたらきを深く信じ、本願《ほんがん》にまかせきる心をさずかっていれば、その者こそが阿弥陀仏《あみだぶつ》のお心にかなうのである。

寄進や布施の額が仏の大小にかかわるという説は、つまるところ金品が救《すく》いに関係があるという話だろう。それは結局、仏法にことよせて同じ念仏の兄弟を脅《おど》すような恥《は》ずかしいことなのだ。

# 後序

これまで述《の》べてきたさまざまな異説は、いったいどのような信心《しんじん》にたいする思い違いから生じたものであろうか。

以前、親鸞《しんらん》さまが法然上人《ほうねんしょうにん》のもとで学んでおられたときのことをお話しくださったことがあった。

そのころ、弟子《でし》のかたがたは多かったけれども、法然上人の信心を正しく理解している者は少なく、信心の行き違いもあったようである。

あるとき弟子の間で信心について論争が起きたことがあった。それは、親鸞さまが、「わたしの信心も、法然上人の信心も、同じひとつのものである」とおっしゃったのが原因だった。

このことばにたいして、同じく師の弟子《でし》であった勢観房《せいかんぼう》、念仏房《ねんぶつぼう》などお弟子のかたがたが、とんでもないことだと反対されたのである。

「いくらなんでも善信房《ぜんしんぼう》（親鸞《しんらん》）と法然上人《ほうねんしょうにん》との信心が同じだというのはおかしいではないか」というわけだ。

そのとき、親鸞さまは彼らにたいして、こうこたえられた。

「法然上人の広い知恵や学識と、わたしのそれが同じだなどと申しているのではございません。ただ、仏のちからで浄土《じょうど》に往生《おうじょう》させていただく信心についてはまったく異なることはない、と申しているのでございます」

それでも、「そんな馬鹿なことはない」という反対の声が大きかったので、結局、法然上人に直接その点について教えをいただくことになった。

上人の前でそれぞれの主張を説明したところ、法然上人はこうおおせになったということである。

「善信房《ぜんしんぼう》の申すとおり、両者の信心《しんじん》は同じものである。なぜなら、もともとわたしの信心は、阿弥陀如来《あみだにょらい》から賜《たまわ》ったものだからだ。わたしの信心も、善信房の信心も、ともに阿弥陀如来から賜ったもの。そのことになんのちがいはない。それゆえ、わたしとちがう信心をもつという者は、法然《ほうねん》が参ろうとする浄土《じょうど》と同じところへ行くことはまずできないだろう」

そういったわけで、当時でもそうだったのだから、親鸞《しんらん》さまの亡《な》くなられたいまとなっては、同じ信心をもつ人びとの間にも誤解や行き違いは当然起こりうることだと思う。そのためにわたしは、役に立ちそうもない歎《なげ》きではあるが、こうしてくりかえし自分の考えを記したのである。

わたしの身は、もはや枯れ草のように老いさらばえ、残りのいのちも露《つゆ》のようにおぼつかない。それでも生きていればこそ、同じ道を歩む人びとからの疑問を聞き、親鸞《しんらん》さまのお話しになったことを説明することもできる。しかし、わたしが世を去った後にはどうなるであろうか。きっと混乱もあるかと心配でならない。

もしここに記したような疑念や論議のなかにまきこまれそうになったときには、亡《な》き親鸞さまが大切にされ、用いておられたいくつかの書をよく参照されるとよい。ただそれらの書のなかには、どうしても方便《ほうべん》にあたる内容と、いわんとする真意《しんい》とが混在するから、その真意をこそ読みとることが、重要である。けっしてまちがった読みかたをされぬように。そのことが気になるので、これまで耳にのこる親鸞さまのおことばのいくつかをあえて述《の》べさせていただいたのだ。

親鸞さまが日頃よくおっしゃっていたことに、次のようなおことばがある。これも、誤解されやすいことばである。

「阿弥陀仏《あみだぶつ》のお誓いをよくよく考えてみると、つくづくそれは自分ただひとりにむけての救いのお心であった。思えば、救いようのない罪《つみ》を背負ったこの自分をたすけようと決意していただいたことは、なんともったいなくありがたいことであろうか」

親鸞さまはつくづくそう述懐なされていた。これは善導《ぜんどう》大師（中国）の、「この自分は罪悪にまみれて生まれ、生き、死ぬ凡夫であり、永遠に輪廻《りんね》の渦のなかに沈み、流転《るてん》し、そこから逃れることはできないと知るほかない」ということばとまさに重なる。

親鸞さまのおことばは、ご自身のことにたとえて、われわれだれもが自分自身の罪の深さ、阿弥陀仏の恩《おん》の高さを知らず迷っていることを、ありがたくもわからせようとされたのである。

考えてみると、わたしたちは、阿弥陀仏《あみだぶつ》のご恩《おん》ということをつい忘れがちで、自分も人も、「善《よ》い」とか「悪《わる》い」とか、そればかり言いつのることが多い。

親鸞《しんらん》さまのおことばには、次のようなものもある。

「そもそも、なにをさして善というのか、悪というのか、わたしは知らないし、まったくわからない。もし仏がはっきり善であると認めたり、悪であると認めたものなら、たしかにまちがいないだろう。しかし煩悩《ぼんのう》にまみれた凡夫であるわれわれの暮らすこの世は、燃え落ちる家のようにはかなく無常な世界であり、すべては空虚な、偽りにみちた、評価のさだまらないむなしい世界である。真実はどこにも見あたらない。そのなかで念仏《ねんぶつ》という行為だけが、はっきりとした真実として存在し、人びとの心を支えることができるものなのだ」

そう言っておられた。

それにしても、われわれの普段のどうでもいいような会話のなかにも、とくに気にかかり心配な点がある。

それは、念仏《ねんぶつ》について、その教義や信仰について問答《もんどう》しあったり、人に説明するとき、他人の発言をおさえて議論を決着させようとして、親鸞《しんらん》さまがまったくおっしゃらなかったことを、まるでほんとうに言われていたかのごとくに主張することだ。なんと情《なさ》けなく、やりきれないことであろうか。その点をよくよく注意し、忘れずに戒《いまし》めていただきたい。

この書の内容はわたし唯円《ゆいえん》の、独自の意見ではない。またわたしはかならずしも経典《きょうてん》を隅々まで理解し、研究書を深く読み解いたわけでもないので、きっとまちがいも多々あるにちがいない。それでも、いまは亡《な》き親《しん》鸞《らん》さまのこの耳に残るおことばの百分の一、ほんの一端なりとも思い返し、ここに書き記した。

幸いにも念仏《ねんぶつ》をいただく身となったとしても、真実の浄土《じょうど》へ往生《おうじょう》することができず、その片隅にしかいたれないとしたら、なんとも悲しいことである。同じ念仏のお仲間のなかで、勝手な信心《しんじん》がはびこることがないようにと、悲しみに胸をしめつけられる思いで筆をとり、これを書きつづったのである。親鸞さまの教旨とは違わないよう、悲しみにくれながらも本書を記した。本書を名づけ、『歎《たん》異《に》抄《しょう》』としよう。同じ信心《しんじん》の人以外には決して見せてはならない。

後鳥羽院《ごとばいん》のご治世のとき、法然上人《ほうねんしょうにん》は、他力本願《たりきほんがん》の念仏宗《ねんぶつしゅう》である浄土宗《じょうどしゅう》を興され、世にひろめられた。

そのとき、興福寺《こうふくじ》の僧侶《そうりょ》たちが朝廷に訴え、上人《しょうにん》の弟子のなかに無法な行為をした者がいるなどと根拠もない無実の罪をかぶせ、罪科を負わせた。これによって処罰を受けた人びとは次の通りである。

法然上人、ならびに弟子七人、流罪《るざい》。

弟子、四人、死罪《しざい》。

法然上人は土佐国幡多《はた》へ流罪。罪人の名として、藤井元彦《ふじいのもとひこ》とされた。ときに七十六歳。

親鸞《しんらん》は越後国《えちごのくに》へ流罪。罪人としての名は藤井善信《ふじいのよしざね》という。年齢は三十五歳であった。

浄聞《じょうもん》(円)房《ぼう》は備後国《びんごのくに》へ流罪。禅光房《ぜんこうぼう》澄西《ちょうさい》は伯耆国《ほうきのくに》へ、好覚房《こうかくぼう》は伊豆《いずの》国《くに》、法本房行空《ほうほんぼうぎょうくう》は佐渡国《さどのくに》へ。成覚房幸西《じょうかくぼうこうさい》・善恵房《ぜんえぼう》も流罪《るざい》と決まったが、無動寺《むどうじ》の善題大僧正《ぜんだいだいそうじょう》がすすんで身柄をあずかったという。流罪となったのは以上八人とされている。

死罪《しざい》となった者は、善綽房西意《ぜんしゃくぼうせいい》、性願房《しょうがんぼう》、住蓮房《じゅうれんぼう》、安楽房《あんらくぼう》の四名であった。

これらの刑は、二位法印尊長《にいのほういんそんちょう》の裁定によってなされた。

親鸞《しんらん》さまは流罪と決まったとき、僧籍《そうせき》を剥奪《はくだつ》され、俗名《ぞくみょう》を与えられた。したがって、僧侶《そうりょ》でもなく俗人でもない非僧非俗の身となった。以後、禿《とく》の字を自分の姓とするときめられて、朝廷で認められた。その願い状が、いまも外記《げき》庁に残っているという。

こうしたことから、流罪《るざい》以後は、自分の名を「愚禿親鸞《ぐとくしんらん》」と書かれるようになったのである。

この『歎異抄《たんにしょう》』は、わが浄土真宗《じょうどしんしゅう》にとってまさに最重要な聖教《しょうぎょう》である。それゆえ真剣に仏の教えを求める気持ちがない者たちに、安易に見せるべきではない。

蓮如《れんにょ》

# 歎異抄◎原典

ひそかに愚案《ぐあん》を回《めぐ》らして、ほぼ古今《ここん》を勘《かんが》ふるに、先師《せんし》（親鸞）の口伝《くでん》の真信《しんしん》に異《こと》なることを歎《なげ》き、後学相続《こうがくそうぞく》の疑惑《ぎわく》あることを思《おも》ふに、幸《さいわ》ひに有縁《うえん》の知識《ちしき》によらずは、いかでか易行《いぎょう》の一門《いちもん》に入《い》ることを得《え》んや。まったく自《じ》見《けん》の覚語《かくご》をもつて、他力《たりき》の宗旨《しゅうし》を乱《みだ》ることなかれ。よつて、故親鸞聖人《こしんらんしょうにん》の御物語《おんものがたり》の趣《おもむき》、耳《みみ》の底《そこ》に留《とど》むるところ、いささかこれを注《しる》す。ひとへに同心行者《どうしんぎょうじゃ》の不審《ふしん》を散《さん》ぜんがためなりと云々《うんぬん》。

一

弥陀《みだ》の誓願不思議《せいがんふしぎ》にたすけられまゐらせて、往生《おうじょう》をばとぐるなりと信《しん》じて念仏申《ねんぶつもう》さんとおもひたつこころのおこるとき、すなはち摂取不捨《せっしゅふしゃ》の利《り》益《やく》にあづけしめたまふなり。弥陀《みだ》の本願《ほんがん》には、老少《ろうしょう》・善悪《ぜんあく》のひとをえらばれず、ただ信心《しんじん》を要《よう》とすとしるべし。そのゆゑは、罪悪深重《ざいあくじんじゅう》・煩悩熾《ぼんのうし》盛《じょう》の衆生《しゅじょう》をたすけんがための願《がん》にまします。しかれば、本願《ほんがん》を信《しん》ぜんには、他《た》の善《ぜん》も要《よう》にあらず、念仏《ねんぶつ》にまさるべき善《ぜん》なきゆゑに。悪《あく》をもおそるべからず、弥陀《みだ》の本願《ほんがん》をさまたぐるほどの悪《あく》なきゆゑにと云々《うんぬん》。

二

おのおの十余箇国《じゅうよかこく》のさかひをこえて、身命《しんみょう》をかへりみずして、たづねきたらしめたまふ御《おん》こころざし、ひとへに往生極楽《おうじょうごくらく》のみちを問《と》ひきかんがためなり。しかるに念仏《ねんぶつ》よりほかに往生《おうじょう》のみちをも存知《ぞんじ》し、また法文等《ほうもんとう》をもしりたるらんと、こころにくくおぼしめしておはしましてはんべらんは、おほきなるあやまりなり。もししからば、南都北嶺《なんとほくれい》にもゆゆしき学生《がくしょう》たちおほく座《おわ》せられて候《そうろ》ふなれば、かのひとにもあひたてまつりて、往生《おうじょう》の要《よう》よくよくきかるべきなり。親鸞《しんらん》におきては、ただ念仏《ねんぶつ》して、弥陀《みだ》にたすけられまゐらすべしと、よきひと（法然）の仰《おお》せをかぶりて、信《しん》ずるほかに別《べつ》の子細《しさい》なきなり。念仏《ねんぶつ》は、まことに浄土《じょうど》に生《うま》るるたねにてやはんべらん、また地獄《じごく》におつべき業《ごう》にてやはんべるらん、総《そう》じてもつて存知《ぞんじ》せざるなり。たとひ法然聖人《ほうねんしょうにん》にすかされまゐらせて、念仏《ねんぶつ》して地獄《じごく》におちたりとも、さらに後悔《こうかい》すべからず候《そうろ》ふ。そのゆゑは、自余《じょ》の行《ぎょう》もはげみて仏《ぶつ》に成《な》るべかりける身《み》が、念仏《ねんぶつ》を申《もう》して地獄《じごく》にもおちて候《そうら》はばこそ、すかされたてまつりてといふ後悔《こうかい》も候《そうら》はめ。いづれの行《ぎょう》もおよびがたき身《み》なれば、とても地獄《じごく》は一定《いちじょう》すみかぞかし。弥陀《みだ》の本願《ほんがん》まことにおはしまさば、釈尊《しゃくそん》の説教虚言《せっきょうきょごん》なるべからず。仏説《ぶっせつ》まことにおはしまさば、善導《ぜんどう》の御釈虚言《おんしゃくきょごん》したまふべからず。善導《ぜんどう》の御釈《おんしゃく》まことならば、法然《ほうねん》の仰《おお》せそらごとならんや。法然《ほうねん》の仰《おお》せまことならば、親鸞《しんらん》が申《もう》すむね、またもつてむなしかるべからず候《そうろ》ふか。詮《せん》ずるところ、愚身《ぐしん》の信心《しんじん》におきてはかくのごとし。このうへは、念仏《ねんぶつ》をとりて信《しん》じたてまつらんとも、またすてんとも、面々《めんめん》の御《おん》はからひなりと云々《うんぬん》。

三

善人《ぜんにん》なほもつて往生《おうじょう》をとぐ。いはんや悪人《あくにん》をや。しかるを世《よ》のひとつねにいはく、「悪人《あくにん》なほ往生《おうじょう》す。いかにいはんや善人《ぜんにん》をや」。この条《じょう》、一《いっ》旦《たん》そのいはれあるに似《に》たれども、本願《ほんがん》他力《たりき》の意趣《いしゅ》にそむけり。そのゆゑは、自力作善《じりきさぜん》のひとは、ひとへに他力《たりき》をたのむこころかけたるあひだ、弥《み》陀《だ》の本願《ほんがん》にあらず。しかれども、自力《じりき》のこころをひるがへして、他力《たりき》をたのみたてまつれば、真実報土《しんじつほうど》の往生《おうじょう》をとぐるなり。煩悩具足《ぼんのうぐそく》のわれらは、いづれの行《ぎょう》にても生死《しょうじ》をはなるることあるべからざるを、あはれみたまひて願《がん》をおこしたまふ本意《ほんい》、悪人成仏《あくにんじょうぶつ》のためなれば、他力《たりき》をたのみたてまつる悪人《あくにん》、もつとも往生《おうじょう》の正因《しょういん》なり。よつて善人《ぜんにん》だにこそ往生《おうじょう》すれ、まして悪人《あくにん》はと、仰《おお》せ候《そうら》ひき。

# 四

慈悲《じひ》に聖道《しょうどう》・浄土《じょうど》のかはりめあり。聖道《しょうどう》の慈悲《じひ》といふは、ものをあはれみ、かなしみ、はぐくむなり。しかれども、おもふがごとくたすけとぐること、きはめてありがたし。浄土《じょうど》の慈悲《じひ》といふは、念仏《ねんぶつ》して、いそぎ仏《ぶつ》に成《な》りて、大慈大悲心《だいじだいひしん》をもつて、おもふがごとく衆生《しゅじょう》を利益《りやく》するをいふべきなり。今生《こんじょう》に、いかにいとほし不便《ふびん》とおもふとも、存知《ぞんじ》のごとくたすけがたければ、この慈悲始終《じひしじゅう》なし。しかれば、念仏申《ねんぶつもう》すのみぞ、すゑとほりたる大慈悲心《だいじひしん》にて候《そうろ》ふべきと云々《うんぬん》。

## 五

親鸞《しんらん》は父母《ぶも》の孝養《きょうよう》のためとて、一返《いっぺん》にても念仏《ねんぶつ》申《もう》したること、いまだ候《そうら》はず。そのゆゑは、一切《いっさい》の有情《うじょう》はみなもつて世《せ》々生々《せしょうじょう》の父母《ぶも》・兄弟《きょうだい》なり。いづれもいづれも、この順次生《じゅんじしょう》に仏《ぶつ》に成《な》りてたすけ候《そうろ》ふべきなり。わがちからにてはげむ善《ぜん》にても候《そうら》はばこそ、念仏《ねんぶつ》を回向《えこう》して父母《ぶも》をもたすけ候《そうら》はめ。ただ自力《じりき》をすてて、いそぎ浄土《じょうど》のさとりをひらきなば、六道四《ろくどうし》生《しょう》のあひだ、いづれの業苦《ごっく》にしづめりとも、神通方便《じんずうほうべん》をもつて、まづ有縁《うえん》を度《ど》すべきなりと云々《うんぬん》。

六

専修念仏《せんじゅねんぶつ》のともがらの、わが弟子《でし》、ひとの弟子《でし》といふ相論《そうろん》の候《そうろ》ふらんこと、もつてのほかの子細《しさい》なり。親鸞《しんらん》は弟子《でし》一人《いちにん》ももたず候《そうろ》ふ。そのゆゑは、わがはからひにて、ひとに念仏《ねんぶつ》を申《もう》させ候《そうら》はばこそ、弟子《でし》にても候《そうら》はめ。弥陀《みだ》の御《おん》もよほしにあづかつて念仏申《ねんぶつもう》し候《そうろ》ふひとを、わが弟子《でし》と申《もう》すこと、きはめたる荒涼《こうりょう》のことなり。つくべき縁《えん》あればともなひ、はなるべき縁《えん》あればはなるることのあるをも、師《し》をそむきて、ひとにつれて念仏《ねんぶつ》すれば、往生《おうじょう》すべからざるものなりなんどいふこと、不可説《ふかせつ》なり。如来《にょらい》よりたまはりたる信心《しんじん》を、わがものがほに、とりかへさんと申《もう》すにや。かへすがへすもあるべからざることなり。自然《じねん》のことわりにあひかなはば、仏恩《ぶっとん》をもしり、また師《し》の恩《おん》をもしるべきなりと云々《うんぬん》。

七

念仏者《ねんぶつしゃ》は無礙《むげ》の一道《いちどう》なり。そのいはれいかんとならば、信心《しんじん》の行者《ぎょうじゃ》には、天神《てんじん》・地祇《じぎ》も敬伏《きょうぶく》し、魔界《まかい》・外道《げどう》も障礙《しょうげ》することなし。罪悪《ざいあく》も業報《ごうほう》を感《かん》ずることあたはず、諸善《しょぜん》もおよぶことなきゆゑなりと云々《うんぬん》。

八

念仏《ねんぶつ》は行者《ぎょうじゃ》のために、非行《ひぎょう》・非善《ひぜん》なり。わがはからひにて行《ぎょう》ずるにあらざれば、非行《ひぎょう》といふ。わがはからひにてつくる善《ぜん》にもあらざれば、非善《ひぜん》といふ。ひとへに他力《たりき》にして、自力《じりき》をはなれたるゆゑに、行者《ぎょうじゃ》のためには、非行《ひぎょう》・非善《ひぜん》なりと云々《うんぬん》。

九

念仏《ねんぶつ》申《もう》し候《そうら》へども、踊躍歓喜《ゆやくかんぎ》のこころおろそかに候《そうろ》ふこと、またいそぎ浄土《じょうど》へまゐりたきこころの候《そうら》はぬは、いかにと候《そうろ》ふべきことにて候《そうろ》ふやらんと、申《もう》しいれて候《そうら》ひしかば、親鸞《しんらん》もこの不審《ふしん》ありつるに、唯円房《ゆいえんぼう》おなじこころにてありけり。よくよく案《あん》じみれば、天《てん》にをどり地《ち》にをどるほどによろこぶべきことをよろこばぬにて、いよいよ往生《おうじょう》は一定《いちじょう》とおもひたまふなり。よろこぶべきこころをおさへてよろこばざるは、煩悩《ぼんのう》の所為《しょい》なり。しかるに仏《ぶつ》かねてしろしめして、煩悩具足《ぼんのうぐそく》の凡夫《ぼんぶ》と仰《おお》せられたることなれば、他力《たりき》の悲願《ひがん》はかくのごとし、われらがためなりけりとしられて、いよいよたのもしくおぼゆるなり。また浄土《じょうど》へいそぎまゐりたきこころのなくて、いささか所労《しょろう》のこともあれば、死《し》なんずるやらんとこころぼそくおぼゆることも、煩悩《ぼんのう》の所為《しょい》なり。久遠劫《くおんごう》よりいままで流転《るてん》せる苦悩《くのう》の旧《きゅう》里《り》はすてがたく、いまだ生《うま》れざる安養浄土《あんにょうじょうど》はこひしからず候《そうろ》ふこと、まことによくよく煩悩《ぼんのう》の興盛《こうじょう》に候《そうろ》ふにこそ。なごりをしくおもへども、娑《しゃ》婆《ば》の縁尽《えんつ》きて、ちからなくしてをはるときに、かの土《ど》へはまゐるべきなり。いそぎまゐりたきこころなきものを、ことにあはれみたまふなり。これにつけてこそ、いよいよ大悲大願《だいひだいがん》はたのもしく、往生《おうじょう》は決定《けつじょう》と存《ぞん》じ候《そうら》へ。踊躍歓喜《ゆやくかんぎ》のこころもあり、いそぎ浄土《じょうど》へもまゐりたく候《そうら》はんには、煩《ぼん》悩《のう》のなきやらんと、あやしく候《そうら》ひなましと云々《うんぬん》。

一〇　念仏《ねんぶつ》には無義《むぎ》をもつて義《ぎ》とす。不可称不可説不可思議《ふかしょうふかせつふかしぎ》のゆゑにと仰《おお》せ候《そうら》ひき。

そもそも、かの御在生《ございしょう》のむかし、おなじくこころざしをして、あゆみを遼遠《りょうえん》の洛陽《らくよう》にはげまし、信《しん》をひとつにして、心《こころ》を当来《とうらい》の報土《ほうど》にかけしともがらは、同時《どうじ》に御意趣《ごいしゅ》をうけたまはりしかども、そのひとびとにともなひて念仏申《ねんぶつもう》さるる老若《ろうにゃく》、そのかずをしらずおはしますなかに、上人《しょうにん》（親鸞）の仰《おお》せにあらざる異義《いぎ》どもを、近来《きんらい》はおほく仰《おお》せられあうて候《そうろ》ふよし、伝《つた》へうけたまはる。いはれなき条々《じょうじょう》の子細《しさい》のこと。

一一

一文不通《いちもんふつう》のともがらの念仏申《ねんぶつもう》すにあうて、「なんぢは誓願不思議《せいがんふしぎ》を信《しん》じて念仏申《ねんぶつもう》すか、また名号不思議《みょうごうふしぎ》を信《しん》ずるか」といひおどろかして、ふたつの不思議《ふしぎ》を子細《しさい》をも分明《ぶんみょう》にいひひらかずして、ひとのこころをまどはすこと。この条《じょう》、かへすがへすもこころをとどめて、おもひわくべきことなり。

誓願《せいがん》の不思議《ふしぎ》によりて、やすくたもち、となへやすき名号《みょうごう》を案《あん》じいだしたまひて、この名字《みょうじ》をとなへんものをむかへとらんと御約束《おんやくそく》あることなれば、まづ弥陀《みだ》の大悲大願《だいひだいがん》の不思議《ふしぎ》にたすけられまゐらせて、生死《しょうじ》を出《い》づべしと信《しん》じて、念仏《ねんぶつ》の申《もう》さるるも如来《にょらい》の御《おん》はからひなりとおもへば、すこしもみづからのはからひまじはらざるがゆゑに、本願《ほんがん》に相応《そうおう》して、実報土《じっぽうど》に往生《おうじょう》するなり。これは誓願《せいがん》の不思議《ふしぎ》をむねと信《しん》じたてまつれば、名号《みょうごう》の不思議《ふしぎ》も具足《ぐそく》して、誓願《せいがん》・名号《みょうごう》の不思議《ふしぎ》ひとつにして、さらに異《こと》なることなきなり。つぎにみづからのはからひをさしはさみて、善悪《ぜんあく》のふたつにつきて、往生《おうじょう》のたすけ・さはり、二様《ふたよう》におもふは、誓願《せいがん》の不思議《ふしぎ》をばたのまずして、わがこころに往生《おうじょう》の業《ごう》をはげみて申《もう》すところの念仏《ねんぶつ》をも自行《じぎょう》になすなり。このひとは、名号《みょうごう》の不思議《ふしぎ》をもまた信《しん》ぜざるなり。信《しん》ぜざれども、辺地懈慢《へんじけまん》・疑城胎宮《ぎじょうたいぐ》にも往生《おうじょう》して、果遂《かすい》の願《がん》（第二十願）のゆゑに、つひに報土《ほうど》に生《しょう》ずるは、名号不思議《みょうごうふしぎ》のちからなり。これすなはち、誓願不思議《せいがんふしぎ》のゆゑなれば、ただひとつなるべし。

一二

経釈《きようしやく》をよみ学《がく》せざるともがら、往生不定《おうじようふじよう》のよしのこと。この条《じよう》、すこぶる不足言《ふそくごん》の義《ぎ》といひつべし。

他力真実《たりきしんじつ》のむねをあかせるもろもろの正教《しようぎよう》は、本願《ほんがん》を信《しん》じ念仏《ねんぶつ》を申《もう》さば仏《ぶつ》に成《な》る。そのほか、なにの学問《がくもん》かは往生《おうじよう》の要《よう》なるべきや。まことに、このことわりに迷《まよ》へらんひとは、いかにもいかにも学問《がくもん》して、本願《ほんがん》のむねをしるべきなり。経釈《きようしやく》をよみ学《がく》すといへども、聖教《しようぎよう》の本意《ほんい》をこころえざる条《じよう》、もつとも不便《ふびん》のことなり。一文不通《いちもんふつう》にして、経釈《きようしやく》の往《ゆ》く路《じ》もしらざらんひとの、となへやすからんための名号《みようごう》におはしますゆゑに、易行《いぎよう》といふ。学問《がくもん》をむねとするは聖道門《しようどうもん》なり、難行《なんぎよう》となづく。あやまつて学問《がくもん》して名聞《みようもん》・利養《りよう》のおもひに住《じゆう》するひと、順次《じゆんじ》の往生《おうじよう》、いかがあらんずらんといふ証文《しようもん》も候《そうろ》ふべきや。当時《とうじ》、専修念仏《せんじゆねんぶつ》のひとと聖道門《しようどうもん》のひと、法論《ほうろん》をくはだてて、「わが宗《しゆう》こそすぐれたれ、ひとの宗《しゆう》はおとりなり」といふほどに、法敵《ほうてき》も出《い》できたり、謗法《ほうぼう》もおこる。これしかしながら、みづからわが法《ほう》を破謗《はほう》するにあらずや。たとひ諸門《しょもん》こぞりて、「念仏《ねんぶつ》はかひなきひとのためなり、その宗《しゅう》あさし、いやし」といふとも、さらにあらそはずして、「われらがごとく下根《げこん》の凡夫《ぼんぶ》、一文不通《いちもんふつう》のものの、信《しん》ずればたすかるよし、うけたまはりて信《しん》じ候《そうら》へば、さらに上根《じょうこん》のひとのためにはいやしくとも、われらがためには最上《さいじょう》の法《ほう》にてまします。たとひ自余《じょ》の教法《きょうぼう》すぐれたりとも、みづからがためには器量《きりょう》およばざれば、つとめがたし。われもひとも、生死《しょうじ》をはなれんことこそ、諸仏《しょぶつ》の御本意《ごほんい》にておはしませば、御《おん》さまたげあるべからず」とて、にくい気《げ》せずは、たれのひとかありて、あだをなすべきや。かつは諍論《じょうろん》のところにはもろもろの煩悩《ぼんのう》おこる、智者遠離《ちしゃおんり》すべきよしの証文《しょうもん》候《そうろ》ふにこそ。故聖人《こしょうにん》（親鸞）の仰《おお》せには、「この法《ほう》をば信《しん》ずる衆生《しゅじょう》もあり、そしる衆生《しゅじょう》もあるべしと、仏《ぶつ》説《と》きおかせたまひたることなれば、われはすでに信《しん》じたてまつる。またひとありてそしるにて、仏説《ぶっせつ》まことなりけりとしられ候《そうろ》ふ。しかれば、往《おう》生《じょう》はいよいよ一定《いちじょう》とおもひたまふなり。あやまってそしるひとの候《そうら》はざらんにこそ、いかに信《しん》ずるひとはあれども、そしるひとのなきやらんともおぼえ候《そうら》ひぬべけれ。かく申《もう》せばとて、かならずひとにそしられんとにはあらず。仏《ぶつ》の、かねて信謗《しんぼう》ともにあるべきむねをしろしめして、ひとの疑《うたがい》をあらせじと、説《と》きおかせたまふことを申《もう》すなり」とこそ候《そうら》ひしか。

今《いま》の世《よ》には、学文《がくもん》してひとのそしりをやめ、ひとへに論義問答《ろんぎもんどう》むねとせんとかまへられ候《そうろ》ふにや。学問《がくもん》せば、いよいよ如来《にょらい》の御本意《ごほんい》をしり、悲願《ひがん》の広大《こうだい》のむねをも存知《ぞんじ》して、いやしからん身《み》にて往生《おうじょう》はいかがなんどあやぶまんひとにも、本願《ほんがん》には善悪《ぜんあく》・浄穢《じょうえ》なき趣《おもむき》をも説《と》ききかせられ候《そうら》はばこそ、学生《がくしょう》のかひにても候《そうら》はめ。たまたまなにごころもなく、本願《ほんがん》に相応《そうおう》して念仏《ねんぶつ》するひとをも、学文《がくもん》してこそなんどいひおどさるること、法《ほう》の魔《ま》障《しょう》なり、仏《ぶつ》の怨敵《おんてき》なり。みづから他力《たりき》の信心《しんじん》かくるのみならず、あやまつて他《た》を迷《まよ》はさんとす。つつしんでおそるべし、先師《せんし》（親鸞）の御《おん》こころにそむくことを。かねてあはれむべし、弥陀《みだ》の本願《ほんがん》にあらざることを。

一三

弥陀《みだ》の本願不思議《ほんがんふしぎ》におはしませばとて、悪《あく》をおそれざるは、また本願《ほんがん》ぼこりとて、往生《おうじょう》かなふべからずといふこと。この条《じょう》、本願《ほんがん》を疑《うたが》ふ、善悪《ぜんあく》の宿業《しゅくごう》をこころえざるなり。

よきこころのおこるも、宿善《しゅくぜん》のもよほすゆゑなり。悪事《あくじ》のおもはれせらるるも、悪業《あくごう》のはからふゆゑなり。故聖人《こしょうにん》（親鸞）の仰《おお》せには、「卯《う》毛《もう》・羊毛《ようもう》のさきにゐるちりばかりもつくる罪《つみ》の、宿業《しゅくごう》にあらずといふことなしとしるべし」と候《そうら》ひき。

またあるとき、「唯円房《ゆいえんぼう》はわがいふことをば信《しん》ずるか」と、仰《おお》せの候《そうら》ひしあひだ、「さん候《ぞうろ》ふ」と、申《もう》し候《そうら》ひしかば、「さらば、いはんことたがふまじきか」と、かさねて仰《おお》せの候《そうら》ひしあひだ、つつしんで領状《りょうじょう》申《もう》して候《そうら》ひしかば、「たとへばひと千人《せんにん》ころしてんや、しからば往生《おうじょう》は一定《いちじょう》すべし」と、仰《おお》せ候《そうら》ひしとき、「仰《おお》せにては候《そうら》へども、一人《いちにん》もこの身《み》の器量《きりょう》にては、ころしつべしともおぼえず候《そうろ》ふ」と、申《もう》して候《そうら》ひしかば、「さてはいかに親鸞《しんらん》がいふことをたがふまじきとはいふぞ」と。「これにてしるべし。なにごともこころにまかせたることならば、往生《おうじょう》のために千人《せんにん》ころせといはんに、すなはちころすべし。しかれども、一人《いちにん》にてもかなひぬべき業縁《ごうえん》なきによりて、害《がい》せざるなり。わがこころのよくてころさぬにはあらず。また害《がい》せじとおもふとも、百人《ひゃくにん》・千人《せんにん》をころすこともあるべし」と、仰《おお》せの候《そうら》ひしかば、われらがこころのよきをばよしとおもひ、悪《あ》しきことをば悪《あ》しとおもひて、願《がん》の不思議《ふしぎ》にてたすけたまふといふことをしらざることを、仰《おお》せの候《そうら》ひしなり。そのかみ邪見《じゃけん》におちたるひとあつて、悪《あく》をつくりたるものをたすけんといふ願《がん》にてましませばとて、わざとこのみて悪《あく》をつくりて、往生《おうじょう》の業《ごう》とすべきよしをいひて、やうやうにあしざまなることのきこえ候《そうら》ひしとき、御消息《ごしょうそく》に、「薬《くすり》あればとて、毒《どく》をこのむべからず」と、あそばされて候《そうろ》ふは、かの邪執《じゃしゅう》をやめんがためなり。まつたく、悪《あく》は往生《おうじょう》のさはりたるべしとにはあらず。持戒持律《じかいじりつ》にてのみ本願《ほんがん》を信《しん》ずべくは、われらいかでか生死《しょうじ》をはなるべきやと。かかるあさましき身《み》も、本願《ほんがん》にあひたてまつりてこそ、げにほこられ候《そうら》へ。さればとて、身《み》にそなへざらん悪業《あくごう》は、よもつくられ候《そうら》はじものを。また、「海《うみ》・河《かわ》に網《あみ》をひき、釣《つり》をして、世《よ》をわたるものも、野山《のやま》にししをかり、鳥《とり》をとりて、いのちをつぐともがらも、商《あきな》ひをし、田畠《でんばく》をつくりて過《す》ぐるひとも、ただおなじことなり」と。「さるべき業縁《ごうえん》のもよほさば、いかなるふるまひもすべし」とこそ、聖人《しょうにん》(親鸞)は仰《おお》せ候《そうら》ひしに、当時《とうじ》は後世者《ごせしゃ》ぶりして、よからんものばかり念仏申《ねんぶつもう》すべきやうに、あるいは道場《どうじょう》にはりぶみをして、なんなんのことしたらんものをば、道場《どうじょう》へ入《い》るべからずなんどといふこと、ひとへに賢善精進《けんぜんしょうじん》の相《そう》を外《ほか》にしめして、内《うち》には虚仮《こけ》をいだけるものか。願《がん》にほこりてつくらん罪《つみ》も、宿業《しゅくごう》のもよほすゆゑなり。されば善《よ》きことも悪《あ》しきことも業報《ごうほう》にさしまかせて、ひとへに本願《ほんがん》をたのみまゐらすればこそ、他力《たりき》にては候《そうら》へ。『唯信抄《ゆいしんしょう》』にも、「弥陀《みだ》いかばかりのちからましますとしりてか、罪業《ざいごう》の身《み》なればすくはれがたしとおもふべき」と候《そうろ》ふぞかし。本願《ほんがん》にほこるこころのあらんにつけてこそ、他力《たりき》をたのむ信《しん》心《じん》も決定《けつじょう》しぬべきことにて候《そうら》へ。おほよそ悪業煩悩《あくごうぼんのう》を断《だん》じ尽《つ》してのち、本願《ほんがん》を信《しん》ぜんのみぞ、願《がん》にほこるおもひもなくてよかるべきに、煩悩《ぼんのう》を断《だん》じなば、すなはち仏《ぶつ》に成《な》り、仏《ぶつ》のためには、五劫思惟《ごこうしゆい》の願《がん》、その詮《せん》なくやましまさん。本願《ほんがん》ぼこりといましめらるるひとびとも、煩悩《ぼんのう》・不浄具足《ふじょうぐそく》せられてこそ候《そうろ》ふげなれ。それは願《がん》にほこらるるにあらずや。いかなる悪《あく》を本願《ほんがん》ぼこりといふ、いかなる悪《あく》かほこらぬにて候《そうろ》ふべきぞや。かへりて、こころをさなきことか。

## 一四

一念《いちねん》に八十億劫《はちじゆうおくこう》の重罪《じゆうざい》を滅《めつ》すと信《しん》ずべしといふこと。この条《じよう》は、十《じゆう》悪《あく》・五逆《ごぎやく》の罪人《ざいにん》、日《ひ》ごろ念仏《ねんぶつ》を申《もう》さずして、命終《みようじゆう》のとき、はじめて善知《ぜんぢ》識《しき》のをしへにて、一念申《いちねんもう》せば八十億劫《はちじゆうおくこう》の罪《つみ》を滅《めつ》し、十念申《じゆうねんもう》せば十《と》八十《はちじゆう》億劫《おくこう》の重罪《じゆうざい》を滅《めつ》して往生《おうじよう》すといへり。これは十悪《じゆうあく》・五逆《ごぎやく》の軽重《きようじゆう》をしらせんがために、一念《いちねん》・十念《じゆうねん》といへるか、滅罪《めつざい》の利益《りやく》なり。いまだわれらが信《しん》ずるところにおよばず。そのゆゑは、弥陀《みだ》の光明《こうみよう》に照《て》らされまゐらするゆゑに、一念発起《いちねんぽつき》するとき金剛《こんごう》の信心《しんじん》をたまはりぬれば、すでに定聚《じようじゆ》の位《くらい》にをさめしめたまひて、命終《みようじゆう》すれば、もろもろの煩悩悪障《ぼんのうあくしよう》を転《てん》じて、無生忍《むしようにん》をさとらしめたまふなり。この悲願《ひがん》ましまさずは、かかるあさましき罪人《ざいにん》、いかでか生死《しようじ》を解脱《げだつ》すべきとおもひて、一生《いつしよう》のあひだ申《もう》すところの念仏《ねんぶつ》は、みなことごとく如来大悲《によらいだいひ》の恩《おん》を報《ほう》じ、徳《とく》を謝《しや》すとおもふべきなり。念仏申《ねんぶつもう》さんごとに、罪《つみ》をほろぼさんと信《しん》ぜんは、すでにわれと罪《つみ》を消《け》して、往生《おうじょう》せんとはげむにてこそ候《そうろ》ふなれ。もししからば、一《いっ》生《しょう》のあひだおもひとおもふこと、みな生死《しょうじ》のきづなにあらざることなければ、いのち尽《つ》きんまで念仏退転《ねんぶつたいてん》せずして往生《おうじょう》すべし。ただし業報《ごうほう》かぎりあることなれば、いかなる不思議《ふしぎ》のことにもあひ、また病悩苦痛《びょうのうくつう》せめて、正念《しょうねん》に住《じゅう》せずしてをはらん。念仏申《ねんぶつもう》すことかたし。そのあひだの罪《つみ》をば、いかがして滅《めっ》すべきや。罪消《つみき》えざれば、往生《おうじょう》はかなふべからざるか。摂取不捨《せっしゅふしゃ》の願《がん》をたのみたてまつらば、いかなる不思議《ふしぎ》ありて、罪業《ざいごう》ををかし、念仏申《ねんぶつもう》さずしてをはるとも、すみやかに往生《おうじょう》をとぐべし。また念仏《ねんぶつ》の申《もう》されんも、ただいまさとりをひらかんずる期《ご》のちかづくにしたがひても、いよいよ弥陀《みだ》をたのみ、御恩《ごおん》を報《ほう》じたてまつるにてこそ候《そうら》はめ。罪《つみ》を滅《めっ》せんとおもはんは、自力《じりき》のこころにして、臨終正念《りんじゅうしょうねん》といのるひとの本意《ほんい》なれば、他力《たりき》の信心《しんじん》なきにて候《そうろ》ふなり。

## 一五

煩悩《ぼんのう》具足《ぐそく》の身《み》をもつて、すでにさとりをひらくといふこと。この条《じょう》、もつてのほかのことに候《そうろ》ふ。

即身成仏《そくしんじょうぶつ》は真言秘教《しんごんひきょう》の本意《ほんい》、三密行業《さんみつぎょうごう》の証果《しょうか》なり。六根清浄《ろっこんしょうじょう》はまた法華一乗《ほっけいちじょう》の所説《しょせつ》、四安楽《しあんらく》の行《ぎょう》の感徳《かんとく》なり。これみな難行上根《なんぎょうじょうこん》のつとめ、観念成就《かんねんじょうじゅ》のさとりなり。来生《らいしょう》の開覚《かいかく》は他力浄土《たりきじょうど》の宗旨《しゅうし》、信心決定《しんじんけつじょう》の通故《つうこ》なり。これまた易行下根《いぎょうげこん》のつとめ、不簡善悪《ふけんぜんあく》の法《ほう》なり。おほよそ今生《こんじょう》においては、煩悩悪障《ぼんのうあくしょう》を断《だん》ぜんこと、きはめてありがたきあひだ、真言《しんごん》・法華《ほっけ》を行《ぎょう》ずる浄侶《じょうりょ》、なほもつて順次生《じゅんじしょう》のさとりをいのる。いかにいはんや、戒行《かいぎょう》・慧解《えげ》ともになしといへども、弥陀《みだ》の願船《がんせん》に乗《じょう》じて、生死《しょうじ》の苦海《くかい》をわたり、報土《ほうど》の岸《きし》につきぬるものならば、煩悩《ぼんのう》の黒雲《こくうん》はやく晴《は》れ、法性《ほっしょう》の覚月《かくげつ》すみやかにあらはれて、尽十方《じんじっぽう》の無礙《むげ》の光明《こうみょう》に一味《いちみ》にして、一切《いっさい》の衆生《しゅじょう》を利益《りやく》せんときにこそ、さとりにては候《そうら》へ。この身《み》をもつてさとりをひらくと候《そうろ》ふなるひとは、釈尊《しゃくそん》のごとく、種々《しゅじゅ》の応化《おうげ》の身《み》をも現《げん》じ、三十二相《さんじゅうにそう》・八十随形好《はちじゅうずいぎょうこう》をも具足《ぐそく》して、説法利益《せっぽうりやく》候《そうろ》ふにや。これをこそ、今生《こんじょう》にさとりをひらく本《ほん》とは申《もう》し候《そうら》へ。『和讃《わさん》』（高僧和讃・七七）にいはく、「金剛堅固《こんごうけんご》の信心《しんじん》の　さだまるときをまちえてぞ　弥陀《みだ》の心光摂護《しんこうしょうご》して　ながく生死《しょうじ》をへだてける」と候《そうろ》ふは、信心《しんじん》の定《さだ》まるときに、ひとたび摂取《せっしゅ》して捨《す》てたまはざれば、六道《ろくどう》に輪廻《りんね》すべからず。しかれば、ながく生死《しょうじ》をばへだて候《そうろ》ふぞかし。かくのごとくしるを、さとるとはいひまぎらかすべきや。あはれに候《そうろ》ふをや。「浄土真宗《じょうどしんしゅう》には、今生《こんじょう》に本願《ほんがん》を信《しん》じて、かの土《ど》にしてさとりをばひらくとならひ候《そうろ》ふぞ」とこそ、故《こ》聖人《しょうにん》（親鸞）の仰《おお》せには候《そうら》ひしか。

一六

信心《しんじん》の行者《ぎょうじゃ》、自然《じねん》にはらをもたて、あしざまなることをもをかし、同朋同侶《どうぼうどうりょ》にもあひて口論《こうろん》をもしては、かならず回心《えしん》すべしといふこと。この条《じょう》、断悪修善《だんあくしゅぜん》のここちか。

一向専修《いっこうせんじゅ》のひとにおいては、回心《えしん》といふこと、ただひとたびあるべし。その回心《えしん》は、日《ひ》ごろ本願他力真宗《ほんがんたりきしんしゅう》をしらざるひと、弥陀《みだ》の智慧《ちえ》をたまはりて、日《ひ》ごろのこころにては往生《おうじょう》かなふべからずとおもひて、もとのこころをひきかへて、本願《ほんがん》をたのみまゐらするをこそ、回心《えしん》とは申《もう》し候《そうら》へ。一切《いっさい》の事《じ》に、あしたゆふべに回心《えしん》して、往生《おうじょう》をとげ候《そうろ》ふべくは、ひとのいのちは、出《い》づる息《いき》、入《い》るほどをまたずしてをはることなれば、回心《えしん》もせず、柔和忍辱《にゅうわにんにく》のおもひにも住《じゅう》せざらんさきにいのち尽《つ》き〔な〕ば、摂取不捨《せっしゅふしゃ》の誓願《せいがん》はむなしくならせおはしますべきにや。口《くち》には願力《がんりき》をたのみたてまつるといひて、こころにはさこそ悪人《あくにん》をたすけんといふ願《がん》、不思議《ふしぎ》にましますといふとも、さすがよからんものをこそたすけたまはんずれとおもふほどに、願力《がんりき》を疑《うたが》ひ、他力《たりき》をたのみまゐらするこころかけて、辺地《へんじ》の生《しょう》をうけんこと、もつともなげきおもひたまふべきことなり。信心定《しんじんさだ》まりなば、往生《おうじょう》は弥陀《みだ》にはからはれまゐらせてすることなれば、わがはからひなるべからず。わろからんにつけても、いよいよ願力《がんりき》を仰《あお》ぎまゐらせば、自然《じねん》のことわりにて、柔和忍辱《にゅうわにんにく》のこころも出《い》でくべし。すべてよろづのことにつけて、往生《おうじょう》にはかしこきおもひを具《ぐ》せずして、ただほれぼれと弥《み》陀《だ》の御恩《ごおん》の深重《じんじゅう》なること、つねはおもひいだしまゐらすべし。しかれば、念仏《ねんぶつ》も申《もう》され候《そうろ》ふ。これ自然《じねん》なり。わがはからはざるを自然《じねん》と申《もう》すなり。これすなはち他力《たりき》にてまします。しかるを、自然《じねん》といふことの別《べつ》にあるやうに、われ物《もの》しりがほにいふひとの候《そうろ》ふよしうけたまはる、あさましく候《そうろ》ふ。

一七

辺地《へんじ》往生《おうじょう》をとぐるひと、つひには地獄《じごく》におつべしといふこと。この条《じょう》、なにの証文《しょうもん》にみえ候《そうろ》ふぞや。学生《がくしょう》だつるひとのなかに、いひいださるることにて候《そうろ》ふなるこそ、あさましく候《そうら》へ。経論《きょうろん》・正教《しょうぎょう》をば、いかやうにみなされて候《そうろ》ふらん。

信心《しんじん》かけたる行者《ぎょうじゃ》は、本願《ほんがん》を疑《うたが》ふによりて、辺地《へんじ》に生《しょう》じて、疑《うたがい》の罪《つみ》をつぐのひてのち、報土《ほうど》のさとりをひらくとこそ、うけたまはり候《そうら》へ。信心《しんじん》の行者《ぎょうじゃ》すくなきゆゑに、化土《けど》におほくすすめいれられ候《そうろ》ふを、つひにむなしくなるべしと候《そうろ》ふなるこそ、如来《にょらい》に虚妄《こもう》を申《もう》しつけまゐらせられ候《そうろ》ふなれ。

一八

仏法《ぶっぽう》の方《かた》に、施入物《せにゅうもつ》の多少《たしょう》にしたがつて、大小仏《だいしょうぶつ》に成《な》るべしといふこと。この条《じょう》、不可説《ふかせつ》なり、不可説《ふかせつ》なり。比興《ひきょう》のことなり。

まづ、仏《ぶつ》に大小《だいしょう》の分量《ぶんりょう》を定《さだ》めんこと、あるべからず候《そうろう》ふか。かの安養《あんにょう》浄土《じょうど》の教主《きょうしゅ》（阿弥陀仏）の御身量《ごしんりょう》を説《と》かれて候《そうろう》ふも、それは方便報身《ほうべんほうじん》のかたちなり。法性《ほっしょう》のさとりをひらいて、長短《ちょうたん》・方円《ほうえん》のかたちにもあらず、青《しょう》・黄《おう》・赤《しゃく》・白《びゃく》・黒《こく》のいろをもはなれなば、なにをもつてか大小《だいしょう》を定《さだ》むべきや。念仏申《ねんぶつもう》すに、化仏《けぶつ》をみたてまつるといふことの候《そうろう》ふなるこそ、「大念《だいねん》には大仏《だいぶつ》を見《み》、小念《しょうねん》には小仏《しょうぶつ》を見《み》る」（大集経・意）といへるが、もしこのことわりなんどにばし、ひきかけられ候《そうろう》ふやらん。かつはまた、檀《だん》波羅蜜《ばらみつ》の行《ぎょう》ともいひつべし。いかに宝物《たからもの》を仏前《ぶつぜん》にもなげ、師匠《ししょう》にも施《ほどこ》すとも、信心《しんじん》かけなば、その詮《せん》なし。一紙《いっし》・半銭《はんせん》も仏法《ぶっぽう》の方《かた》に入《い》れずとも、他力《たりき》にこころをなげて信心《しんじん》ふかくは、それこそ願《がん》の本意《ほんい》にて候《そうら》はめ。すべて仏法《ぶっぽう》にことをよせて、世間《せけん》の欲心《よくしん》もあるゆゑに、同朋《どうぼう》をいひおどさるるにや。

右条々《みぎじょうじょう》は、みなもつて信心《しんじん》の異《こと》なるよりことおこり候《そうろ》ふか。故聖人《こしょうにん》（親鸞）の御物語《おんものがたり》に、法然聖人《ほうねんしょうにん》の御時《おんとき》、御弟子《おんでし》そのかずおはしけるなかに、おなじく御信心《ごしんじん》のひともすくなくおはしけるにこそ、親鸞《しんらん》、御同朋《おんどうぼう》の御中《おんなか》にして御相論《ごそうろん》のこと候《そうら》ひけり。そのゆゑは、「善信《ぜんしん》（親鸞）が信心《しんじん》も、聖人《しょうにん》（法然）の御信心《ごしんじん》も一《ひと》つなり」と仰《おお》せの候《そうら》ひければ、勢観房《せいかんぼう》・念仏房《ねんぶつぼう》なんど申《もう》す御同朋達《おんどうぼうたち》、もつてのほかにあらそひたまひて、「いかでか聖人《しょうにん》の御信心《ごしんじん》に善信房《ぜんしんぼう》の信心《しんじん》、一《ひと》つにはあるべきぞ」と候《そうら》ひければ、「聖人《しょうにん》の御智慧《おんちえ》・才覚《さいかく》ひろくおはしますに、一《ひと》つならんと申《もう》さばこそひがごとならめ。往生《おうじょう》の信心《しんじん》においては、まつたく異《こと》なることなし、ただ一《ひと》つなり」と御返答《ごへんとう》ありけれども、なほ「いかでかその義《ぎ》あらん」といふ疑難《ぎなん》ありければ、詮《せん》ずるところ、聖人《しょうにん》の御《おん》まへにて自他《じた》の是非《ぜひ》を定《さだ》むべきにて、この子細《しさい》を申《もう》しあげければ、法然聖人《ほうねんしょうにん》の仰《おお》せには、「源空《げんくう》が信心《しんじん》も、如来《にょらい》よりたまはりたる信心《しんじん》なり。善信房《ぜんしんぼう》の信心《しんじん》も、如来《にょらい》よりたまはらせたまひたる信心《しんじん》なり。さればただ一《ひと》つなり。別《べつ》の信心《しんじん》にておはしまさんひとは、源《げん》空《くう》がまゐらんずる浄土《じょうど》へは、よもまゐらせたまひ候《そうら》はじ」と仰《おお》せ候《そうら》ひしかば、当時《とうじ》の一向専修《いっこうせんじゅ》のひとびとのなかにも、親鸞《しんらん》の御信心《ごしんじん》に一《ひと》つならぬ御《おん》ことも候《そうろ》ふらんとおぼえ候《そうろ》ふ。いづれもいづれも繰《く》り言《ごと》にて候《そうら》へども、書《か》きつけ候《そうろ》ふなり。露命《ろめい》わづかに枯草《こそう》の身《み》にかかりて候《そうろ》ふほどにこそ、あひともなはしめたまふひとびと〔の〕御不審《ごふしん》をもうけたまはり、聖人《しょうにん》（親鸞）の仰《おお》せの候《そうら》ひし趣《おもむき》をも申《もう》しきかせまゐらせ候《そうら》へども、閉眼《へいがん》ののちは、さこそしどけなきことどもにて候《そうら》はんずらめと、歎《なげ》き存《ぞん》じ候《そうら》ひて、かくのごとくの義《ぎ》ども、仰《おお》せられあひ候《そうろ》ふひとびとにも、いひまよはされなんどせらるることの候《そうら》はんときは、故聖人《こしょうにん》（親鸞）の御《おん》こころにあひかなひて御《おん》もちゐ候《そうろ》ふ御聖教《おんしょうぎょう》どもを、よくよく御覧候《ごらんそうろ》ふべし。おほよそ聖教《しょうぎょう》には、真実《しんじつ》・権仮《ごんけ》ともにあひまじはり候《そうろ》ふなり。権《ごん》をすてて実《じつ》をとり、仮《け》をさしおきて真《しん》をもちゐるこそ、聖人《しょうにん》（親鸞）の御本意《ごほんい》にて候《そうら》へ。かまへてかまへて、聖教《しょうぎょう》をみ、みだらせたまふまじく候《そうろ》ふ。大切《たいせつ》の証文《しょうもん》ども、少々《しょうしょう》ぬきいでまゐらせ候《そうろ》ふて、目《め》やすにして、この書《しょ》に添《そ》へまゐらせて候《そうろ》ふなり。聖人《しょうにん》（親鸞）のつねの仰《おお》せには、「弥陀《みだ》の五劫思惟《ごこうしゆい》の願《がん》をよくよく案《あん》ずれば、ひとへに親鸞一人《しんらんいちにん》がためなりけり。さればそれほどの業《ごう》をもちける身《み》にてありけるを、たすけんとおぼしめしたちける本願《ほんがん》のかたじけなさよ」と御述懐候《ごじゅっかいそうら》ひしことを、いままた案《あん》ずるに、善導《ぜんどう》の「自身《じしん》はこれ現《げん》に罪悪生死《ざいあくしょうじ》の凡夫《ぼんぶ》、曠劫《こうごう》よりこのかたつねにしづみつねに流転《るてん》して、出離《しゅつり》の縁《えん》あることなき身《み》としれ」（散善義　四五七）といふ金言《きんげん》に、すこしもたがはせおはしまさず。さればかたじけなく、わが御身《おんみ》にひきかけて、われらが身《み》の罪悪《ざいあく》のふかきほどをもしらず、如来《にょらい》の御恩《ごおん》のたかきことをもしらずして迷《まよ》へるを、おもひしらせんがためにて候《そうら》ひけり。まことに如来《にょらい》の御恩《ごおん》といふことをば沙汰《さた》なくして、われもひとも、よしあしといふことをのみ申《もう》しあへり。聖人《しょうにん》の仰《おお》せには、「善悪《ぜんあく》のふたつ、総《そう》じてもって存知《ぞんじ》せざるなり。そのゆゑは、如来《にょらい》の御《おん》こころに善《よ》しとおぼしめすほどにしりとほしたらばこそ、善《よ》きをしりたるにてもあらめ、如来《にょらい》の悪《あ》しとおぼしめすほどにしりとほしたらばこそ、悪《あ》しさをしりたるにてもあらめど、煩悩具足《ぼんのうぐそく》の凡夫《ぼんぶ》、火宅無常《かたくむじょう》の世界《せかい》は、よろづのこと、みなもってそらごとたはごと、まことあることなきに、ただ念仏《ねんぶつ》のみぞまことにておはします」とこそ仰《おお》せは候《そうら》ひしか。まことに、われもひともそらごとをのみ申《もう》しあひ候《そうろ》ふなかに、ひとついたましきことの候《そうろ》ふなり。そのゆゑは、念仏申《ねんぶつもう》すについて、信心《しんじん》の趣《おもむき》をもたがひに問答《もんどう》し、ひとにもいひきかするとき、ひとの口《くち》をふさぎ、相論《そうろん》をたたんがために、まつたく仰《おお》せにてなきことをも仰《おお》せとのみ申《もう》すこと、あさましく歎《なげ》き存《ぞん》じ候《そうろ》ふなり。このむねをよくよくおもひとき、こころえらるべきことに候《そうろ》ふ。これさらにわたくしのことばにあらずといへども、経釈《きょうしゃく》の往《ゆ》く路《じ》もしらず、法文《ほうもん》の浅深《せんじん》をこころえわけたることも候《そうら》はねば、さだめてをかしきことにてこそ候《そうら》はめども、古《こ》親鸞《しんらん》の仰《おお》せごと候《そうら》ひし趣《おもむき》、百分《ひゃくぶん》が一《ひと》つ、かたはしばかりをもおもひいでまゐらせて、書《か》きつけ候《そうろ》ふなり。かなしきかなや、さいはひに念仏《ねんぶつ》しながら、直《じき》に報土《ほうど》に生《うま》れずして、辺地《へんじ》に宿《やど》をとらんこと。一室《いっしつ》の行者《ぎょうじゃ》のなかに、信心異《しんじんこと》なることなからんために、なくなく筆《ふで》を染《そ》めてこれをしるす。なづけて「歎異抄《たんにしょう》」といふべし。外見《がいけん》あるべからず。

後鳥羽院《ごとばのいん》の御宇《ぎょう》、法然聖人《ほうねんしょうにん》、他力本願念仏宗《たりきほんがんねんぶつしゅう》を興行《こうぎょう》す。時《とき》に、興福寺《こうぶくじ》の僧侶《そうりょ》、敵奏《てきそう》の上《うえ》、御弟子《おんでし》のなか、狼藉子細《ろうぜきしさい》あるよし、無実《むじつ》の風聞《ふうぶん》によりて罪科《ざいか》に処《しょ》せらるる人数《にんじゅ》の事《こと》。

一　法然聖人《ほうねんしょうにん》ならびに御弟子七人《おんでししちにん》、流罪《るざい》。また御弟子四人《おんでししにん》、死罪《しざい》におこなはるるなり。聖人《しょうにん》（法然）は土佐国《とさのくに》　幡多《はた》　といふ所《ところ》へ流罪《るざい》、罪名藤井《ざいみょうふじいの》元彦男《もとひこおとこ》云々《うんぬん》、生年七十六歳《しょうねんしちじゅうろくさい》なり。

親鸞《しんらん》は越後国《えちごのくに》、罪名藤井善信《ざいみょうふじいのよしざね》云々《うんぬん》、生年三十五歳《しょうねんさんじゅうごさい》なり。

浄聞房《じょうもんぼう》　備後国《びんごのくに》　澄西禅光房《ちょうさいぜんこうぼう》　伯耆国《ほうきのくに》　好覚房《こうかくぼう》　伊豆国《いずのくに》　行空法本房《ぎょうくうほうほんぼう》

佐渡国《さどのくに》

幸西成覚房《こうさいじょうかくぼう》・善恵房《ぜんえぼう》二人《ににん》、同《おな》じく遠流《おんる》に定《さだ》まる。しかるに無動寺《むどうじ》の善《ぜん》題大僧正《だいだいそうじょう》、これを申《もう》しあづかると云々《うんぬん》。遠流《おんる》の人々《ひとびと》、以上八人《いじょうはちにん》なりと云々《うんぬん》。

死罪《しざい》に行《おこな》はるる人々《ひとびと》

一番《いちばん》　西意善綽房《さいいぜんしゃくぼう》
二番《にばん》　性願房《しょうがんぼう》
三番《さんばん》　住蓮房《じゅうれんぼう》
四番《しばん》　安楽房《あんらくぼう》
二位法印尊長《にいのほういんそんちょう》の沙汰《さた》なり。

親鸞《しんらん》、僧儀《そうぎ》を改《あらた》めて俗名《ぞくみょう》を賜《たま》ふ。よつて僧《そう》にあらず俗《ぞく》にあらず、しかるあひだ、禿《とく》の字《じ》をもつて姓《しょう》となして、奏聞《そうもん》を経《へ》られをはんぬ。かの御申《おんもう》し状《じょう》、いまに外記庁《げきのちょう》に納《おさ》まると云々《うんぬん》。流罪以後《るざいいご》、愚禿親鸞《ぐとくしんらん》と書《か》かしめたまふなり。

右《みぎ》この聖教《しょうぎょう》は、当流大事《とうりゅうだいじ》の聖教《しょうぎょう》となすなり。無宿善《むしゅくぜん》の機《き》においては、左右《さう》なく、これを許《ゆる》すべからざるものなり。

釈蓮如《しゃくれんにょ》（花押）

原典出典　『浄土真宗聖典　註釈版第二版』（教学伝道研究センター編纂　本願寺出版社刊）収録による『蓮如上人書写本』を定本としました。

親鸞とその時代◎解説／五味文彦

宗教史家はともかく、歴史の研究者はストレートに親鸞について書くことはできるだけ避けようとする傾向がある。かくいう私もそうだが、その大きな理由は親鸞についてのまとまった史料が限定されていて、史料の広がりが少ないからである。このために親鸞は実在しなかったという説さえとなえられたほどである。歴史家には史料がないことを根拠にして実在を疑う傾向がある。

しかし親鸞の実在がほぼ明らかになると、今度は史料の無さが親鸞を多角的に探ることを不可能とし、宗教史家の独占的な研究対象になってしまった。総合的に捉えようとすることを本領とする歴史家の手からは離れていってしまったかの観がある。だが限られた史料から、いかに歴史を探ってゆくべきかも、歴史家にとっては一つの腕試しともなる。求められて一文を草する所以《ゆえん》である。

親鸞の伝記には、本願寺三世の覚如上人《かくにょ》（親鸞の孫覚恵の子）こと宗昭《そうしょう》が、永仁三（一二九五）年に浄賀に命じて描かせた絵巻『親鸞伝絵《しんらんでんえ》』がある。覚如がこのように親鸞の絵巻を描かせたことは、覚如の伝記を描く『慕帰絵詞《ぼきえことば》』にも記されており、その絵巻を覚如の指示に従って描く風景も『慕帰絵詞』に描かれている。

ただ親鸞が亡くなったのは弘長二（一二六二）年であるから、三十年もたっていることや、親鸞を崇《あが》める立場から描かれたものであることからすれば、史実と相違する部分もきっと多かろう。思い違いも多いに違いない。しかし律宗の叡尊《えいそん》の『金剛仏子感身学正記《こんごうぶつしかんじんがくしょうき》』のように、自伝が残っているわけではないので、この絵巻を手がかりにして、親鸞とその時代のあり方を探ってゆくことになる。

1

親鸞は伝記に「弼《ひち》の宰相有国卿《ありくにきょう》の五世の孫、皇太后宮大進有範《こうたいごうぐうだいしんありのり》の息なり」と見え、日野有範《ひのありのり》の子として承安三（一一七三）年に誕生し、九歳の春に養父の藤原範綱《ふじわらののりつな》に連れられて青蓮院《しょうれんいん》の慈円《じえん》に入室したという。時に治承五（一一八一）年であった。

この時期は政治的には平氏の全盛期にあたっており、宗教的に見れば、広く勧進《かんじん》活動が盛んになっていた時期である。勧進とは、信心を人々に勧め、仏の道への結縁《けちえん》を求める行為であるが、その代表的な一人が重源《ちょうげん》である。もとは武士だったが、醍醐《だいご》寺に出家し、聖《ひじり》として上醍醐で活動し、大峰や熊野、御嶽（金峯山）など各地の修験《しゅげん》の場で修行した後、大陸に渡り、帰朝後には高野山の別所を中心に勧進活動をくりひろげていた。

重源と同じ頃に生まれた西行《さいぎょう》も、数奇《すき》により和歌と仏道の修行をする聖の活動をするかたわら、高野山の蓮花乗院の造営の勧進に関わっていた。摂津渡辺党の武士であった文覚《もんがく》も、神護寺の造営のための勧進を開始していた。同じ勧進でも、念仏勧進へと歩んだのが法然である。

法然は、美作《みまさか》の武士、漆間《うるま》時国《ときくに》の家に生まれたが、合戦で父が討たれたのを契機に比叡山に登ったところ、比叡山での修行・戒律の衰退は著しく、比叡山の別所の一つである黒谷の別所で叡空《えいくう》に師事して「法然房源空」と名乗り、聖としての修行を始めた。親鸞が生まれた二年後の承安五（一一七五）年、善導《ぜんどう》の『観経疏《かんぎようそ》』によって専修《せんじゆ》念仏へと進んで、比叡山を下りて東山吉水《よしみず》に住み、念仏の教えを弘めたという。

さらに社会的に見るならば、源平の争乱が始まり、平氏が南都の焼き討ちによって鎮護国家の象徴である東大寺の大仏を焼くなど、仏法の滅尽《めつじん》を思わせるような事件が次々と起きた時にあたる。そして養和の大飢饉が起きたが、これは親鸞が慈円のもとに入った年のことである。

『方丈記』（鴨長明《かものちようめい》）はこの養和の飢饉について詳しく語っている。

養和のころとか、久しくなりて覚えず。二年があひだ、世の中飢渇《けかつ》して、あさましきこと侍りき。或は春・夏ひでり、或は秋、大風・洪水など、よからぬことどもうち続きて（中略）築地のつら、道のほとりに飢ゑ死ぬるもののたぐひ、数も知らず。取り捨つるわざも知らねば、くさき香世界に満ちて、変りゆくかたちありさま、目も当てられぬことも多かり。

余りの死人の多さに、仁和寺《にんなじ》の隆暁《りゅうぎょう》法印は亡くなった人の額に阿の字を書いて縁を結ばせたところが、その数は四万二千三百余りになったという。阿の字とは梵字の主要母音で、宇宙の中心である大日如来《だいにちにょらい》を意味していた。

やがて飢饉はおさまったが、治承・寿永の内乱の末に、平氏が元暦二（一一八五）年に西海に滅んだ直後に京を襲ったのが、直下型の大地震である。親鸞はこのようなうち続く悲惨な状況を幼い目で見つつ育ったのである。

ここで親鸞の家系に触れておこう。父有範については他に記録が見えないが、その兄弟の一人宗業《むねなり》については、『玉葉』承安三年五月二十一日条に「文章得業生宗業〈経尹の子、宗光朝臣息〉」と記されていて学者であったことがわかる。

父は皇后宮大進、あるいは皇太后宮権大進であったという。このように後宮の事務官を務めたのは、叔父と同じく学問の経歴に基づくものであろう。しかしその父ではなく、もう一人の叔父であって養父になった範綱に連れられて慈円のもとに入った。

従三位範綱卿［時に従四位下の前若狭守。後白河上皇の近臣なり。上人の養父］、前大僧正［慈円、法性寺殿御息、月輪殿長兄、慈鎮和尚これなり］の貴房へ相具したてまつりて、鬢髪を剃除せられき。範宴少納言公と号す。

この伝記の記述に見えるように、範綱は後白河上皇の近臣であった。建久三（一一九二）年三月に後白河上皇が亡くなった際に出家し、その時に

「若狭守範綱」であって、上皇の入棺役の勤めをしている（『玉葉』）。『扶桑古文集』という和歌の序を集めた書物があるが、その紙背文書からは上皇の意を受けた範綱と鎌倉幕府の政所《まんどころ》別当であった大江広元との間に頻繁な交渉のあったことがわかっている。

父が出家していたために、叔父で有力者の範綱が養父になって慈円への橋渡しをしてくれたのであろう。ただ九歳での出家はいかにも早すぎるから、当初は慈円に童として仕え、十三歳の頃に出家したものと考えられる。ならば慈円の兄の九条兼実《くじょうかねざね》が摂政になった文治二（一一八六）年の頃であろう。この時に朝廷に仕える道を絶って、僧の道を歩むようになったのである。法名の範宴の「範」は父有範から一字をとったものである。

〈日野系図〉

有国――資業――実綱――有信――宗光――経尹
- 有範
  - 範宴（親鸞）
  - 尋有
- 範綱
- 宗業

## 2

出家後は、比叡山延暦寺で「堂僧」として奉仕した、と親鸞の妻となった恵信尼《えしんに》の書状に記されており、「楞厳《りょうごん》横川の余流を湛えて」と伝記には見えるので、比叡山延暦寺の三塔の一つである横川《よかわ》の首楞厳院の堂僧となって修行をしたのであろう。

そこで修行するうちに親鸞は意を決して法然の吉水の房を訪ねた。「隠遁の志にひかれて」のものであったというが、伝記はそれを建仁元（一二〇一）年の春のこととしており、この時に親鸞は法然の説く他力摂生の旨をよく理解したという。親鸞の主著『教行信証《きょうぎょうしんしょう》』も「建仁辛酉の暦、雑行を棄てて本願に帰す」と建仁元年のことと記している。

法然が本格的な著作として書いたのが建久九（一一九八）年の『選択本《せんちゃくほん》願念仏集《がんねんぶつしゅう》』であれば、これがきっかけになったのかもしれない。これより前の建久六年に重源は鎌倉から源頼朝を迎えて東大寺の大仏殿の供養を遂げており、また栄西《えいさい》は大陸から帰朝して博多に禅宗の寺である聖福寺を建立し、やがて鎌倉に下って、幕府の援助を得て京に建仁寺を建立しようとしていた。そうした宗教運動がこの時期には活発になっていた。源平の争乱や飢饉などからの混乱がひとまずおさまった頃である。

このように本願に帰したことについては、恵信尼《えしんに》の書状が、京都の六角堂に百日の参籠をしていて九十五日目に聖徳太子が偈《げ》を持って現れたので直ちに「後世のたすからんする上人にあいまいらせん」と訪ねていって法然に逢ったとしているが、伝記では二年後の建仁三年春に六角堂に参籠して救世《ぐぜ》観音に祈念していた時、夢のなかで聖徳太子の示現に接し、法然に従うようになったとしている。

なぜ六角堂で、聖徳太子なのか。六角堂は民衆の信仰の場となっていたことや、これより少し前から聖徳太子の信仰が大きく広がっていて、その作と称される『未来記』が偽作されるなどして、各地に根づいていたことと関係があるかと見られる。当時の夢は、非現実のことではなく、現実の先を示すものとして信じられており、明恵《みようえ》をはじめとする宗教者にとっては信心を確かめる手段となっていた。

この時期には、法然の教えは九条兼実らの貴族や熊谷直実《くまがいなおざね》らの武士の信仰をも獲得していた。兼実が法然を戒師として出家したのは建仁二年二月のことであり、同年に長西が法然の門に入っている。親鸞が比叡山を飛び出して、活動を積極的に行っていた法然の門を叩いたのはごく自然なことであったろう。

こうして親鸞は法然の門下に入ったのだが、その法然と門下の活動に旧来の顕密仏教の側はすでに危機感を抱いていた。なかでも慈円は兄の兼実さえもが法然を支持していたから危惧の念が強かった。元久元（一二〇四）年に三条白川に大懺法院《だいせんぼういん》を設け、仏法興隆の場にしたのは、法然らの活動に対処して、器量のある僧の能力を開花させようとしてのものであったが、皮肉なことにここの供僧のなかから後に法然の門下に入ったものが多い、という結果も生まれている。

しかし比叡山の大衆《だいしゅ》は黙っていなかった。かつて建久五年に栄西らの禅宗停止《ちょうじ》の要求をしたように、専修《せんじゅ》念仏の停止を朝廷に迫って蜂起したのである。そこで法然は「七箇条制誡」を草して自粛をとなえ、門弟の署名を添えて延暦寺に送った。この制誡に親鸞は綽空《しゃくくう》と署名しているので、法然房源空から一字を得て、そう名乗るようになっていたことがわかる。

だが「七箇条制誡」で事態はおさまらなかった。法然の門弟たちがその制誡を守っていなかったことなどを理由にして、今度は南都の興福寺から元久二年十月に九箇条の奏状が提出されたのである。

これを執筆したのは学問の復興をとなえて笠置に隠遁していた、学僧としての名声が高かった貞慶《じょうけい》であって、そこでは法然とその門下の九つの失をあげている。第一に新宗を立つるの失、第二に新像を図するの失、第三に釈尊を軽んずるの失、第四に万善を妨ぐるの失、第五に霊神に背くの失、第六に浄土に暗きの失、第七に念仏を誤るの失、第八に釈衆を損ずるの失、第九に国土を乱るの失である。

浄土宗の布教の方法に始まって、教義の内容、門弟の活動などについての失をあげており、それらは貞慶の釈迦信仰と興福寺の法相宗の核心をなす唯識思想に基づく批判であった。

しかしこのような根底からの批判をなした貞慶も、実は法然や親鸞と同じような軌跡をたどっていた。貞慶はそれまでの生き方を捨てて遁世し、笠置寺に入ったのは建久四（一一九三）年のことであるが、それは春日《かすが》の神の夢告《むこく》によるものであった。親鸞とよく似ていよう。釈迦信仰に基づいて未来仏である弥勒《みろく》への信仰を抱いて笠置に遁世したが、建仁元（一二〇一）年九月には唐招提寺で釈迦念仏会を行って恒例化するなど活発な宗教活動を展開していた。「興福寺奏状」の批判もその活動の一つであった。なお貞慶が定めた「地蔵講式」には、親鸞の「悪人正機説」に近い考えが表明されている。

さて興福寺の奏状は出されたものの、朝廷はこれに関与するのに消極的であって、法然らの流罪《るざい》がすぐに決まったわけではない。興福寺の衆徒の強い要請があったことや、後鳥羽上皇の熊野詣の留守中に小御所の女房たちが、行動を問題視されていた法然の門弟の行う別時念仏に出掛けて外泊したことが発覚し、ついに建永二（一二〇七）年になって「念仏停止」の宣旨が出されるにいたり、法然・行空・幸西・親鸞らが流罪とされ、安楽房《あんらくぼう》や住蓮房《じゅうれんぼう》らは斬罪に処せられたのである。

3

『教行信証』や伝記によれば、親鸞は元久二（一二〇五）年四月に『選択本願念仏集』の書写を許され、同年には法然の肖像画の制作も許され、六角堂で聖徳太子から呼びかけられた善信という名乗りも法然から認められていたという。おそらく親鸞は一心不乱に勉学を志し、法然に認められていったのであろう。

それもあって流罪となったのであるが、このときに親鸞は僧籍を剝奪され、越後の国府に配流され、藤井善信と名乗り、〈非僧非俗〉の生活を送ることになったという。この非僧非俗の立場においてこそ妻帯も可能となったといえよう。配流中に子をもうけている。建暦元（一二一一）年三月三日のことで後の信蓮房である。その年の十一月には、法然とともに罪をゆるされたが、親鸞は京都には帰らず越後にとどまった。子どもをもうけたことと大いに関係があろう。

法然は赦免になり讃岐から帰京した翌年の建暦二（一二一二）年に遺言として『一枚《いちまい》起《き》請文《しょうもん》』を著し、その直後に亡くなるが、この死の場に親鸞が立ち会わなかったことと、その後の東国での布教とが、親鸞の宗教人生にとっての大きな転機となったものと考えられる。社会的に見て法然の正統な継承者の地位からはずれた親鸞は、ここから宗教的に浄土真宗を求める旅を始めたのである。

東国はこれ仏法の初道なれば、発心沙弥の故に修行すべき方なり。

鎌倉時代の紀行文『海道記』がこう語っているように、新たな動きを始めた仏教者たちは東国をめざした。なかでも武家政権の地である鎌倉をめざし、布教の試金石として競って入っていったが、その先頭を行ったのが禅宗の栄西である。

親鸞は流されてそのまま越後の国府にあったが、建保二（一二一四）年に越後を出ると、常陸《ひたち》に向かっている。流人《るにん》という烙印《らくいん》を押されたままでの越後での活動には限界があったことであろう。しかも越後は鎌倉幕府が固有の基盤とした東国十五カ国のなかには入っていない。承久の乱で幕府は東国十五カ国の武士の家の長に京への出陣命令を出しているが、この国々に越後は入っていないのである。

東国をめざすならば、そのなかに入ってゆかなければならない。特に常陸が選ばれたのは昔からの流人の配流の地であって、ここには文化を受け入れる素地があったからである。この後には律宗の忍性《にんしょう》が筑波山の麓の三村極楽寺に入って教えを弘めながら、やがて鎌倉に入っており、一遍《いっぺん》も常陸を経て鎌倉をめざしている。あるいは親鸞もまた鎌倉をめざしていたのかもしれない。常陸に赴く途中の上野《こうずけ》の佐貫《さぬき》で『浄土三部経』の読経を始めたところ、思い直して中止し、やがて常陸の笠間《かさま》の稲田《いなだ》郷に居住することになったという。

なぜ笠間であったのか。『吾妻鏡《あずまかがみ》』文暦二（一二三五）年六月二十九日条に「笠間左衛門尉時朝」と見える時朝の父塩谷朝業が、親鸞の移り住んだ頃の笠間の領主であった。朝業は『信生法師日記』を著した歌人であって、源実朝に仕えてその殺害後に出家している。自らも建久五（一一九四）年七月に周防国《すおう》に配流された経験があり、流人の境遇には寛容であって、同情の念を抱いていたことであろう。親鸞をよく受け入れたものと思われる。

笠間に滞在した時のことを伝記は次のように記している。

笠間郷と云所に隠居し給。幽棲を占むといへども道俗跡をたづね、蓬戸を閉すといゑども、貴賤ちまたに溢る。

ここで親鸞に帰依するようになった門侶であるが、「親鸞聖人門侶交名牒《きょうみょうちょう》」を見ると、常陸では順信以下二十名で、「笠間住」としては実念・頼重（稲田九郎）の名が見える。下野《しもつけ》で真仏以下六名、下総《しもうさ》で性信以下三名、奥羽《おうう》で如信以下七名であり、ほかに武蔵《むさし》・越後・遠江《とおとうみ》など総計で四十八名を記しているが、その数は決して多くはない。だがこれは親鸞が親しく面接して教えを授けた「面授口訣《めんじゆくけつ》」の人々であって、かれらは道場をつくり、その主となって信者を集めたのであり、その信者が門徒と称された。

親鸞が依拠したのはこの道場である。それは「ただ道場をばすこし人屋に差別あらせて小棟をあけてつくるべきよしまで御諷諫ありけり」というほどの小さな規模のものであるが、『歎異抄《たんにしよう》』に「道場にはりぶみをして、なんなんのことしたらんものをば道場へ入《い》るべからず」（十三）とあるように、親鸞はその道場には張文をして禁制をするようなことがあってはならないとしたという。この道場の主を中核として信者が増えていったわけである。

それらの門侶には、名だたる貴人や武士はいない。このことは伝記に記された笠間での出来事が山伏の弁円との出逢いだけしか記されていないことからもうかがえる。多くの祖師の僧伝が貴人との接触を記しているのに対し、親鸞の伝記にはそれが一切ないのである。親鸞が直接に対応したのは、山伏のような民間宗教者だったのであり、『歎異抄』を著した唯円《ゆいえん》にしても、本来は山伏のような民間宗教者であったと見られる。

## 4

親鸞は東国の一隅から政治や社会の動きをながめつつ、著作に励んだ。その主著『教行信証』（顕浄《けんじょう》土《ど》真実《しんじつ》教《きょう》行《ぎょう》証《しょう》文類《もんるい》）は承久の乱後の元仁元（一二二四）年に書き始めたと見られている。

承久の乱といえば、親鸞らを「法に背き、義に違して」配流した後鳥羽上皇が、幕府を倒すべく挙兵した戦乱であるが、これについて親鸞はどう感じたことであろうか。笠間の領主も上洛しており、その情報は耳に入っていたことであろう。

承久の乱後に都は混乱していたが、逆に関東では新たな動きが始まり、都からは文化人が続々と鎌倉に下ってきた。そうした機運もあって親鸞は体系的な書物を書くようになったのであろう。

また興味深いのは元仁元年に娘の覚信尼が生まれていることである。新たなる生の誕生は人を突き動かすものでもある。もちろん、こうした著作が書かれるのは、それ以前からの蓄積があって初めてなされることであり、何度もの改訂を経ていることからすれば、書き始めの時期を定めるのは難しい。

やがて都では嘉禄三（一二二七）年に再び浄土宗の法難が起きた。天台僧の定照が『弾選択《だんせんちゃく》』を著して法然の『選択本願念仏集』を批判すると、それに法然の弟子隆寛が『顕選択』を著して反批判したことが発端であった。延暦寺の奏聞によって、四十人以上の浄土僧が逮捕され、隆寛らは流罪になった。幕府はこれに呼応して鎌倉での念仏者の取り締まりを行っており、直接に親鸞の周辺にも影響はあったことであろう。

そしてさらに親鸞に大きな影響をあたえたのが、寛喜三（一二三一）年に起きた寛喜の大飢饉であったろう。藤原定家の『明月記《めいげつき》』同年七月二日条にはこう見える。

天晴、東方明けて帰廬す。飢人且つ顚仆す。死骸道に満つ。逐日加増し、東北院の内、その数を知らずと云々。

幕府の記録『吾妻鏡』同年三月十九日条も「今年世上飢饉。百姓多く以て餓死す」ということで、飢饉の対策がとられている。前年秋からの全国的な冷害に始まって、大量の餓死者を出し、幕府はやむなく人身売買を一時、認めることさえしたのであった。幼い頃に養和の飢饉の惨状を見ていた親鸞はこの飢饉をどう感じとっていたのであろうか。自身も四月に病に臥《ふ》せっている。

その親鸞が帰京した時期についてははっきりしない。前年に聖覚《せいかく》の著した『唯信抄《ゆいしんしょう》』を書写しているので、この寛喜以前とする見方があるいっぽうで、以後とするものもある。文暦二（一二三五）年に幕府が専修念仏を停止しており、再び『唯信抄』を書写しているので、その頃かとも考えられている。いずれにしても親鸞にとっては飢饉が大きな影響をあたえたことであろう。この時の飢饉に応じて朝廷では寛喜の新制を発布し、幕府ではその翌年に徳政として貞永式目《じょうえいしきもく》を制定している。

京都に帰ったのは、年も六十前後となっており、人生に一区切りつけたかったのであろう。『教行信証』の完成のためには文献の多い京都に帰る必要もあったろう。その完成は寛元五（一二四七）年頃で、時に七十五歳である。

しかし上洛するとさまざまな問題が生じた。帰京後の関東では親鸞の教えに対する揺れが生まれており、異端的考えが広がっていたのである。当然であろう。親鸞がいれば逢って解決できた問題もそうはゆかなくなったからである。「専修念仏のともがらの、我が弟子、人の弟子という相論のさふらうらんこと、もてのほかの子細なり」というような弟子の獲得競争もおきていた。

関東での争いが増えたのは建長三（一二五一）年頃からであったが、その時期には幕府の執権北条時頼が建長寺を創建するなど禅宗を受け入れ、さらに律宗も受容するなど、新たな信仰が広がっていた。そのため『歎異抄』にうかがえるような関東の門侶の訪問が相次いだ。

そこで親鸞は、息子の善鸞を説得のため東国に派遣したのだが、善鸞は異端の専修である賢善に傾いて、正しい念仏者までも弾圧しようとしたと見なされ、建長八（一二五六）年五月二十九日の手紙で親鸞から義絶されている。問題を親族関係で処理できると考えていたのが間違いだった。とはいえしかるべき側近を持たなかった親鸞にとってはこれしかなかったのであろう。

そうした悩みを抱えながらも、親鸞は教義をわかりやすく歌で示す和讃《わさん》を作るようになり、宝治二（一二四八）年に『浄土和讃』と『高僧和讃』を脱稿し、さらに正嘉元（一二五七）年のころには『正像末和讃』をまとめた。以上の三つを三帖和讃と呼ぶが、このほかにも多くの著作を平易な語り口や文章で著している。晩年になっても気力の衰えない親鸞であった。

やがて再び弘長の飢饉が襲ってきたなかの、弘長二（一二六二）年十一月二十八日、弟の尋有《じんう》の住房「善法房」において親鸞は最期を迎えた。時に九十歳。その長寿をもたらしたのは日頃の節制と気力の賜物であったろう。

臨終の場には、尋有や末娘覚信尼が立ち会い、鳥辺山南辺で火葬され、遺骨は鳥辺野北辺の「大谷」に納められた。なお親鸞と関東から帰った妻の恵信尼は、この時には故郷の越後に帰っていた。

昨年の十二月一日の御文、同二十日あまりに確かに見候ひぬ。なによりも殿の御往生、なかなかはじめて申すに及ばず候ふ。

恵信尼は親鸞の訃報を記す都からの便りにこう返事を書き出して、続いて親鸞との思い出を縷々《るる》記している。その直後の恵信尼の書状は「飢死もせんずらんとこそおぼえ候へ」と記しており、思えば親鸞の一生はこれらの飢饉に彩られたものであった。

## 『歎異抄』について

『歎《たん》異抄《にしょう》』は親鸞の滅後約二十五年、弘安十（一二八七）年から正応三

（一二九〇）年ごろまでに著されたと推定され、その著者については諸説があったが、現在では本文中にも名の出てくる、東国出身の弟子の唯円《ゆいえん》であろうと認められている。唯円は晩年の親鸞に親しく接していた。

親鸞の滅後、親鸞の思想が誤って理解され、弘まっていることを嘆いた著者が、自分が直接に聞いた親鸞の言説をまとめたものであり、晩年の親鸞による、膨大な仏典からの引用をもとに著した大作『教行信証』にくらべ、よりわかりやすく親鸞思想の核心を伝え、近代以後も、多くの人びとの生き方の支柱として、また思想、文芸作品に多大な影響をあたえてきた。「念仏と往生」「阿弥陀への帰依と絶対救済」「他力思想」「悪人正機」など、その投げかけるものはまことに大きい。

＊ごみ・ふみひこ　放送大学教授・東京大学名誉教授（中世史）

本書には、原典『歎異抄』の時代的な背景から、現代では差別的な表記とも解釈可能な表現も含まれております。編集にあたり可能なかぎり表現には配慮いたしましたが、原典の訳という性格上、誤解を招きやすい解釈もあえて記載させていただきました。訳者、出版社に差別助長の意図はまったくないことをご理解いただきたくお願い申し上げます。

編集部

**著者略歴**


**五木寛之**（いつきひろゆき）


1932（昭和7）年9月福岡県に生まれる。生後まもなく朝鮮にわたり47年引揚げ。PR誌編集者、作詞家、ルポライターなどを経て、66年「さらば モスクワ愚連隊」で第6回小説現代新人賞、67年「蒼ざめた馬を見よ」で第56回直木賞、76年「青春の門」筑豊編ほかで第10回吉川英治文学賞を受賞。代表作に『朱鷺の墓』『戒厳令の夜』『蓮如』『生きるヒント』シリーズ、『大河の一滴』『他力』『元気』『天命』『林住期』『日本人のこころ』（全6巻）、近著に『弱き者の生き方』（共著）がある。翻訳にチェーホフ『犬を連れた貴婦人』リチャード・バック『かもめのジョナサン』ブルック・ニューマン『リトルターン』などがある。第一エッセイ集『風に吹かれて』は刊行39年を経て、現在総部数約460万部に達するロングセラーとなっている。ニューヨークで発売された英文版『TARIKI』は大きな反響を呼び、2001年度「BOOK OF THE YEAR」（スピリチュアル部門）に選ばれた。小説のほか、音楽・美術・仏教など多岐にわたる文明批評的活動が注目され、02年度第50回菊池寛賞を受賞。04年には第38回仏教伝道文化賞を受賞。現在直木賞、泉鏡花文学賞、吉川英治文学賞その他多くの選考委員をつとめる。「百寺巡礼」「21世紀仏教への旅」などのシリーズも注目を集めた。


私《し》訳《やく》　歎《たん》異《に》抄《しょう》

平成十九年九月七日　第一刷発行

著　者　五木寛之

発行者　河内義勝

発行所　東京書籍株式会社
〒一一四―八五二四
東京都北区堀船二―一七―一
電話〇三（五三九〇）七五三一（営業）
〇三（五三九〇）七五〇七（編集）

印刷・製本　凸版印刷株式会社

ISBN978-4-487-80205-0 C0095





http://www.tokyo-shoseki.co.jp